창의적 사고와 문제 해결

Critical Thinking and Problem Solving

Preface

세상에는 눈으로 볼 수 없는 것이 볼 수 있는 것보다 훨씬 더 많다. 공기, 소리, 마음, 기쁨 등과 같이 분명 존재하지만, 눈으로는 확인되지 않거나 혹은 인간의 언어로 잘 설명되지 않은 것도 있다. 때로는 어떤 대상을 언어로 기술하는 순간 그 가치가 사라지는 것처럼 느낄 때도 있다. '창의적 사고'라는 것도 이런 류에 해당하지 않을까 한다. 누구나 찰나의 순간에 기발하고 엉뚱한 생각을 떠올리지만, 메모하거나 저장하는 순간 모두 휘발되고 날아가 버리는 경험을 종종 하게 된다. 생각의 얼개가 허술해서일까, 아니면 내 언어의 한계 때문일까? 좀 전까지만 해도 분명 존재했고, 심지어 반짝이기까지 했는데 말이다.

나는 다양한 곳에서 영감을 얻는다. 학교에서 학생들과 쉬는 시간에 나누었던 짧은 대화, 동료 교사와의 담소, 혹은 이 길을 나보다 먼저 걸어간 분들의 조언에서 새로운 아이디어를 얻기도 한다. 그런데 이것들을 바라만 보거나 흘려보내기에는 너무 아쉽다는 생각을 하게 되었다. 만약 흩어져 있는 생각들을 연결할 수만 있다면 한번 엮어 보는 시도라도 해 보자. 나를 위해서라도 꼭 필요한 작업이라고 생각하고 집필을 결정했다. 이 책을 구상하고 집필하기까지 주변 사람들을 너무 힘들게 했지만, 오히려 그분들은 내게 많은 격려를 해주었다. 책 한 권으로 창의적 사고의 많은 부분을 정리하거나 문제 해결의 수많은 사례를 다 다루기는 어렵다. 이 세상 누구도 "이것만이 창의적 사고이며 여기에 문제 해결의 모든 것이 담겨 있다."라고 말하지 않는다. 또 그런 식의 태도는 누구에게도 환영받지 못한다.

"열심히 해 봐, 그러면 알게 될 거야. 네가 아는 게 정말 아무것도 없다는 것을…."

내가 처음 공부를 시작했을 때부터 지금까지 늘 내 뒤통수를 잡아당기는 말이다. 열심히 찾아보라고? 결국 남는 게 하나도 없다고? 스스로에게 계속 물어보게 된다. 그러면서 나의 책장을 한번 둘러보았다. 구입해 놓고 아직 펼치지도 못한 책이 가득했다. 책을 소유한다는 것이 그 생각이나 지식을 소유하는 것이 아님을 알면서도 일단 책부터 손에 넣어야 하는 급한 성격 때문일까, 언젠가는 꼭 펼쳐 볼 거라는 말을 되뇌지만, 늘 제자리인 나를 되돌아보게 된다. 어떤 값을 치르더라도 꼭 소유하고 싶은 멋진 순간이 있다. 그런 순간을 기다리며 한 권의 책을 완성하기에 이르렀다. 누군가 이 책을 그저 소유하지 않고 여기에서 자신만의 새로운 영감을 얻게 되길 기대한다.

2023년 7월 연구실에서

저자 유미향

Contents

PART 1 창의적 사고 열기

PART2 창의적 사고 발견하기

PART3 창의적 사고 연습하기

PART4 창의적 사고로 문제 해결하기

PART5 방해 요인 극복하기

PART 1
창의적 사고 열기

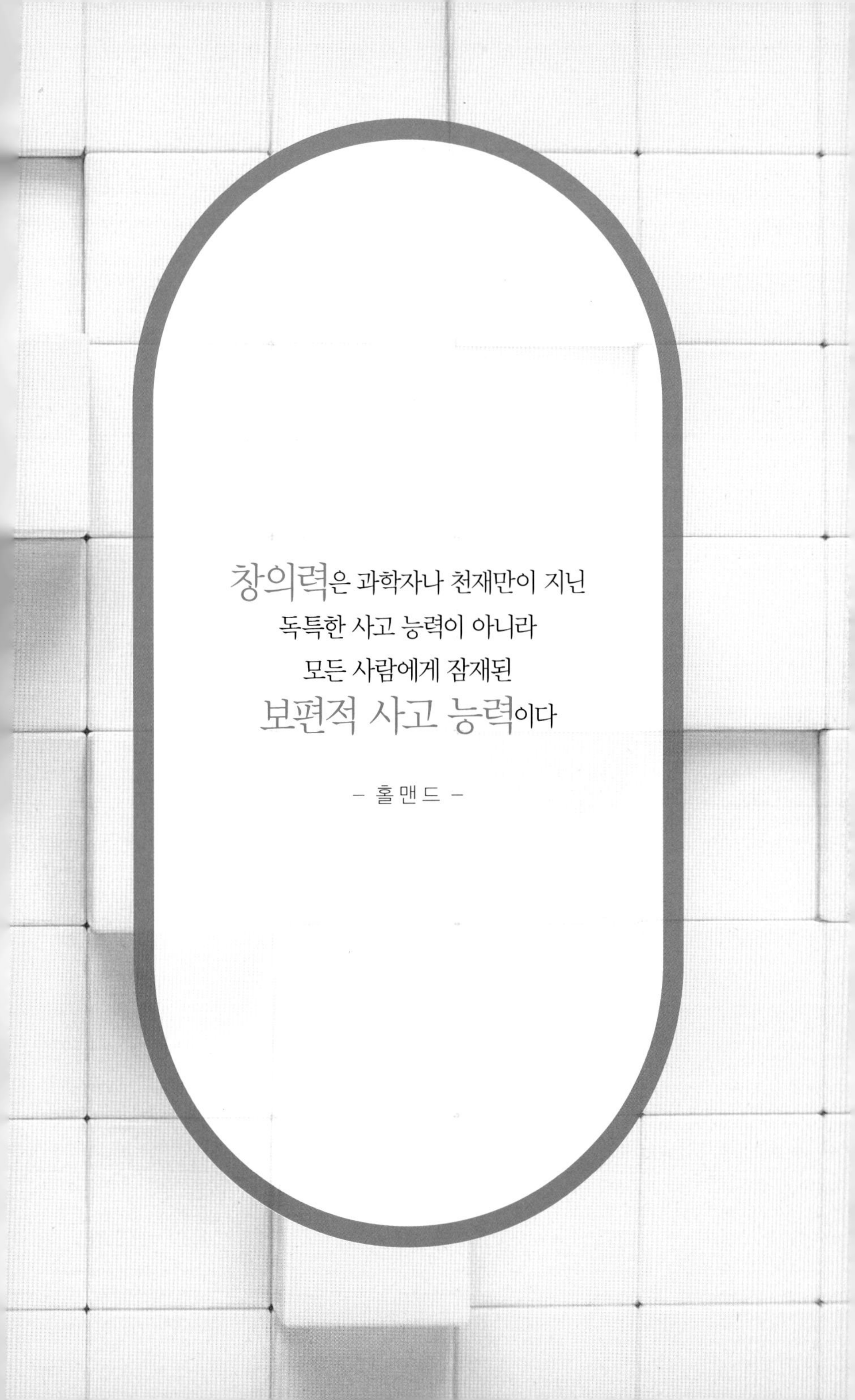

창의력은 과학자나 천재만이 지닌
독특한 사고 능력이 아니라
모든 사람에게 잠재된
보편적 사고 능력이다

– 홀맨드 –

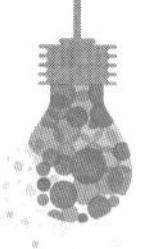

창의적 사고에 대한 오해와 이해

창의적 사고를 정의하는 방식은 매우 다양하다. 창의적 사고가 무엇인지 정리하기에 앞서 창의적 사고에 대한 가장 흔한 오해부터 짚어 보자. 창의적 사고는 문학, 건축, 회화 등 예술 분야에만 있다거나 혹은 어느 천재 작가의 작품 속에서만 존재하는 것으로 생각하는 것이다. 하지만 인지 심리학자들은 창의성이 높은 사람보다 그 사람의 창의성이 잘 드러나는 환경이나 조건에 더 집중한다. 창의적 사고를 발현할 수 있는 상황을 더 의미 있게 생각하기 때문이다.

초등학교 3학년 학생들을 대상으로 실험을 진행했다. 평범한 수준의 아이들이지만 실험의 조건을 어떻게 바꾸느냐에 따라서 결과는 사뭇 달라졌다. A반에서는 학생들에게 새롭고 신기한 것을 만들라고 요청하면서 동시에 여러 모양의 도형을 주고 고르게 했다. B반에서는 무엇을 만들어 보고 싶냐고 물어본 뒤에 여러 모형의 도형을 골라 만들도록 했다. C반에서는 이 세상에 아직 존재하지 않지만, 꼭 만들어 보고 싶은 물건에 대해 말하게 했다. 학생들이 의견을 말할 때마다 매우 긍정적인 피드백도 해주었다. 그 뒤에 몇 가지 도형을 고르게 했고, 방금 말한 것을 만들어 보라고 요구했다. 과연 A, B, C반 학생들의 반응은 어떠했을까?

A반 학생들은 갑작스러운 요구에 매우 당황하면서 서로의 눈치를 보며 쭈뼛거리고만 있었다. B반 학생들은 A반과 비슷한 반응이지만, 자신이 만들고 싶다고 한 것을 떠올리며 도형을 고민하면서 골랐다. C반 학생들은 이전 반과는 전혀 다른 반응을 보였다. 학생들이 처음에는 갑작스러운 요구에 당황했지만, 여러 모양의 도형을 놓고 매우 신중하게 탐색하기 시작했다. 고민 끝에 자신에게 필요한 도형 몇 가지를 천천히 골랐다.

학생들이 만든 결과물에도 차이가 나타났다. A반은 대체로 옆 학생과 비슷한 것을 만들었고, B반도 자동차, 집, 비행기, 새 등 평범한 것들이 나왔다. 하지만 C반은 정말 예상치 못한 것들이 쏟아져 나왔다. 왜 이런 결과가 나타났을까? 조건의 차이 때문이다. A반 학생들은 목표도 설정하고 그것을 실현할 방법이나 도구를 동시에 찾아야 했기에 인지적 부담이 너무 컸다. 새로운 생각이나 낯선 것을 탐구할 여유가 없기에 주변 친구가 만든 물건을 보고 모방하거나 비슷한 수준으로 만들었다. C반처럼 학생들에게 목표를 스스로 설정할 수 있는 환경을 조성해 주고 도구나 방법도 스스로 선택하게 한다면 좋은 결과물이 나타날 수 있었을 것이다.

초등학생의 실험에서만 창의적 사고가 나타나는 것이 아니다. 평범한 일상 속에서도 창의성은 자주 등장한다. 우리가 예상치 못한 일을 당했을 때, 위기가 닥쳐 내가 궁지로 몰렸을 때, 봉착한 문제를 해결하려고 스스로 고군분투하게 된다. 이때가 바로 내 안의 '창의성'이 어김없이 발휘되는 순간이다.

처음 방문한 친구 집 현관에서 자신의 구멍 난 양말을 발견했다고 가정해 보자. 그 순간 구멍 난 양말을 가리기 위한 수만 가지 생각을 떠올린다. 친구와 그 가족들로부터 나의 창피함을 가리려면 어떻게 해야 할까? 양말 끝을 앞으로 당겨서 구멍을 숨겨 볼까, 오른발과 왼발을 바꿔 신어볼까, 아니면 태연하게 그냥 아무렇지도 않다는 듯 있어 볼까? 수많은 생각을 동시에 떠올릴 수 있는 것은 학습의 결과가 아니다. 우리는 그 누구에게도 배우지 않았지만, 위기에 대처할 방법을 순간순간 스스로 찾아가고 있다. 물론 그 방법이 성공할 수도, 실패할 수도 있다. 우리는 성공 여부와 상관없이 그 순간을 모면하려고 이미 창의적 사고를 작동하고 있다.

자신만의 독특한 방법을 떠올리기도 하고, 이와 유사한 경험이 있거나 누군가에게 들은 이야기를 떠올리며 다른 해결 방법을 찾기도 한다. 혹은 새로운 상황에 맞게 해결 방법까지도 계속 바꿔서 다양한 시도를 해본다. 창의적 사고는 이처럼 생활 속에서도 잘 발현되며 위기의 순간에 갑작스럽게 발동되기도 한다.

또 다른 오해는 창의력이나 창의적 사고가 개인의 선천적 능력에서 나온다는 것이다. 창의력은 이탈리아 피렌체에서 수많은 작품을 남긴 레오나르도 다빈치나 미켈란젤로와 같은 소수의 사람만 가진 능력이 결코 아니다. 아름다운 건물과 정교한 조각상은 우리가 아무렇지도 않게 지나쳤던 사소한 사물을 관찰하고, 스케치하고, 다시 연습했던 누군가의 손끝에서 탄생한 결과물이다. 우리는 갑자기 떠오른 아이디어에만 주목하지만, 그 아이디어가 나오기까지의 과정에 대해 인지하지 못한다. 그 과정을 모두 찾아본다면 창의적 사고가 결코 단번에, 우연히 나오는 것이 아님을 알 수 있다. 창의적 사고도 인간의 다른 능력과 마찬가지로 훈련과 연습의 결과인 셈이다.

위대한 발명가 에디슨은 필라멘트로 쓸 소재를 실험할 때도 탄소, 루테늄, 크롬, 백금에 이르기까지 1,600여 개가 넘는 재료로 실험했다. 그는 번번이 실패했지만, 13개월 동안 6,000여 종이 넘는 재료를 사용하여 7,000번 이상 실험한 후에야 성공했다.

소설가 성석제는 인터뷰에서 "글은 쓰는 게 아니라 수없이 고치는 것"이라고 말한 바 있다. 그가 시인으로 문단에 처음 데뷔했을 때는 고쳐쓰기에 큰 시간을 들이지 않았다고 한다. 시간이 흘러 소설가로 전향하게 되면서 글쓰기 재능이 하늘에서 내린 것이 아님을 깨달았다고 한다. 그는 처음 원고를 작성할 때보다 사후 작업에 몇 배의 시간을 투자했다. 초고는 아주 빠르게, 재미있게 썼지만, 수정 작업은 매우 길어 고치는 것이 얼마나 지루하고 힘든 것인지 토로하기까지 했다. 초고礎稿는 수정修正을 거쳐 재수정, 재수정의 수정에 이르기까지 오랜 시간이 걸렸다. 처음 나온 원고가 출판사로 넘어가기까지 적어도 다섯 번 이상 수정 작업에 들어간다고 했다. 그는 소설가로서 연륜이 쌓이면서 글을 고치는 게 얼마나 중요한지 깨닫고 있다고 고백한 바 있다.

우리에게 잘 알려진 시인 윤동주도 긴 퇴고의 시간을 거쳐서 시를 완성한다고 했다. 그가 시를 쓰는 과정을 곁에서 지켜보았던 정병욱 작가의 증언에 의하면, 윤동주는 자신이 좋아하는 시인들의 시집을 보고 또 보면서 전문을 줄줄 외우고 다녔을 뿐만 아니라 한 편의 작품을 완성하려고 몇 날을 고민하고, 여러 단어를 계속 바꿔 가면서 수정 전과 후를 비교하는 작업을 반복했다고 한다.

> 외유내강, 동주 형을 아는 분이라면 누구나 그를 이렇게 표현하는 데 이의가 없을 것이다. 그는 대인 관계에서 모가 나는 일이 없었고, 따라서 적이 없었다. 누구도 그를 지탄하고 싫어하는 사람은 없었다. 그러나 그는 자신에게는 엄격했다. 남을 이해하고 용서하고 변명하는 일에는 너그러웠지마는 스스로를 용서하는 일은 없었다.
>
> 정병욱, <동주 형의 편모>에서

엄격한 자기 성찰을 통해 어려운 현실 속에서도 시를 썼던 시인의 삶을 상상할 수 있는 자료이다. 시인은 정병욱의 증언처럼 자기 자신을 끊임없이 돌아보고 시를 고치고 다듬었을 것이다. 이처럼 창의적 사고가 누군가의 선천적 능력으로, 혹은 우연한 기회에 나오는 것이라고 볼 수 없다. 축구 선수가 기초 체력 없이 기술을 구사할 수 없는 것처럼, 일상 속에서 늘 사고하는 훈련을 한 사람만이 창의적 사고에 익숙할 수 있는 것이다.

창의적 사고는 어떤 상황이나 조건만 우리에게 주어진다면 일상 속에서도 발현될 수 있는 것이다. 소위 천재라고 불리는 작가나 예술가조차도 그 창의성은 결코 우연의 산물이 아니다. 오랜 시간의 반복과 연습의 결과이며 시간과 노력의 결과물이다. 이 점을 기억하며 창의적 사고에 대해 본격적으로 알아보자.

창의적 사고를 정의하는 세 가지 방법

인간의 창의성은 가시적으로 잘 드러나지 않는 것이기에 우리는 창의성이 잘 담긴 사물이나 특정한 결과물에 집중하게 된다. 그러나 시인이 시를 쓰고, 화가가 그림을 그리고, 무용가가 춤을 추는 것으로만 창의성을 확인할 수 있는 것은 아니다. 늘 새로운 것을 추구하는 예술 분야에서 창의적 사고가 더 자주 등장할 수는 있지만, 창의적 사고는 사실 관습과 모방의 결과에서 탄생하기도 한다. 예술의 역사를 거시적으로 보면, 새로운 예술 사조나 흐름은 늘 이전 시대에 대한 저항이나 더 이전 시대를 모방하는 것에서 비롯된다. 흐름은 늘 특정한 패턴이 존재하기 마련이다. 규칙과 불규칙, 형식주의와 낭만주의, 정형과 비구상 등으로 예술가 집단 내의 반목과 갈등이 존재하며, 누군가는 훨씬 더 이전 시대를 모방하거나 변형하여 새로운 결과물을 탄생시키기도 했다.

미켈란젤로는 16세기 피렌체와 로마에서 주로 활동했던 조각가

이지만, 그는 그리스, 로마 시대의 조각상이 발견되었다는 소식만 들리면 아무리 먼 곳이라도 마다하지 않고 달려가서 그 조각상을 모두 스케치하여 돌아오곤 했다. 피카소도 매일 화구를 들고 루브르 박물관으로 출근했고, 모든 그림을 자신의 스승으로 삼았다. 그는 특히 쇠라의 점묘화를 300번 이상 모사했다. 이처럼 우리는 창의적 사고와 그 결과물을 이전 시대에 전혀 없던 것으로 보거나 지금 세상에 없는 '완전한 새로운 것'으로 여겨서는 안 된다.

"하늘 아래 새로운 것은 없다.There is nothing new under the sun"라는 말처럼, 창의적 사고는 늘 새로운 것이 아니라 이미 존재하는 것을 이전과 달리 바라보는 것이다. 혹은 이전 세대가 했던 것과는 다른 방식으로 새롭게 연결하는 힘을 의미한다. 유명 코미디언이자 작가인 존 클리즈John Cleese는 "창의성은 재능이 아니다, 사고하는 방법이다.Creativity is not a talents, It is a way of operating"라고 말하며, 창의성이란 누군가에게 배울 수도 있고 자신의 능력을 얼마든지 향상시킬 수 있는 기술이라고 했다.(John Cleese, 2021)

창의적 사고에 대한 합의된 정의는 없지만, 창의적 사고를 이와 유사하게 설명하는 예가 있다. 학자마다 관점마다 조금씩 차이는 분명 존재하지만, 아이젠크H.Eysenck는 창의성을 "새로운 관계를 보는 능력, 비범한 아이디어를 산출하는 능력, 그리고 전통적인 사고 패턴에서 일탈하는 능력"으로 정의했다(H, Eysenck, 1972). 에반스(Evans, 1990)도 "이미 존재하고 있는 지식, 경험, 기술, 개념들을 전혀 다른 시각에서 의미를 재규명하고 상호 간의 결합 방법을 종전과 다르게 처방하는 것"이라고 했다.

창의적 사고에 대한 공통된 속성을 정리해 보자면 '창의적 사고는 이미 존재하는 기존의 사물이나 생각을 새로운 방식으로 바라보거나 그러한 방법으로 문제를 해결할 수 있는 능력, 태도'라고 볼 수 있다.

창의적 사고를 하는 주체

창의적 사고를 세 가지로 나누어 정리해 볼 수 있다. ❶ 창의적 사고를 하는 주체(사람) ❷ 창의적 사고로 얻은 결과물 ❸ 창의적 사고의 과정이다.

먼저 창의적 사고는 사고력의 소유자, 사람, 그 자체를 가리키기도 한다. '창의적 사고를 소유한 사람, 창의적 사고를 잘하는 사람은 누구인가?'라는 질문을 하면 특정 작가, 미술가, 조각가 등을 떠올릴 수 있지만, 누구나 창의적 사고가 가능하다. 평범한 사람도 상황과 조건만 주어지면 얼마든지 창의적 사고를 할 수 있다.

자신의 활동 분야가 아닌, 자신만의 세계를 구축해 나가는 사람도 있다. 헤디 라마Hedy Lamarr는 1940년대 할리우드 여배우로, 애니메이션 '백설공주'의 모델이라고 평가받을 정도로 당대 미모의 대명사였다. 그녀는 미모뿐만 아니라 지적 재능까지도 매우 뛰어났다. 그녀는 무기 제조업계에 종사하는 남편과 함께 군사 전문가들을 자주 접하면서 새로운 분야에 관심이 생겼다. 이후 그녀는 혼자서 군사 서적을 탐독하면서 군사 기술을 익혔고, 그 과정에서 '주파수 도약'이라는 기술을 발명했다. 주파수를 끊임없이 바꾸며 교신하는 방법으로 오늘날에도 매우 중요한 기술 중 하나이다. 그녀는 이를 발명하고 특허를 냈지만 인정받지 못하다가 1990년에 특허 기술로 인정받게 되었다. 이 기술은 와이파이, 블루투스 등 무선 통신 기술의 근간이 된다.

"우물을 파려면 한 우물만 파라."라는 속담이 있다. 한 가지 일에 매진할 때 그 분야에서 진정한 전문가가 될 수 있고, 또 성공할 수 있다는 의미이다. 하지만 창의적 사고가 발달한 사람일수록 다양한 분야에 관심을 가지며 미지의 세계에 대해 탐구하기를 즐긴다. 지식이 얕을지라도 넓게 알면 그 자체가 생각의 도구가 되고, 창의적 사고의 재료가 된다. 『이상한 나라의 앨리스』를 쓴 저자도 사진사이자 수학자이며, 망원경을 만든 허블도 권투 선수이면서 변호사였다. '한 분야도 정복하기 힘든데, 어떻게 저렇게 많은 분야를 섭렵했을까? 천재들의 삶이 다 그런 것이지.'라고 자조할 것이 아니라 내 경험이 지나치게 좁고 한쪽으로만 치우친 것이 아닐까를 돌아보아야 한다.

창의적 사고를 원한다면 경험의 지평을 넓히고자 애써야 한다. 다양한 경험이 쌓이면 자연스럽게 사고가 활성화되고, 사물을 보는 시선이 열릴 수 있다. '소금'을 눈으로 본 사람과 직접 찍어 먹어본 사람의 경험은 다르다. 한 번 확장된 사고는 다시 이전으로 돌아가지 않는다.

헤디 라마가 주파수 기술을 발명한 것도 '호기심'에서 시작된 것이다. 헤디 라마는 어떻게 주파수 기술을 터득하게 되었을까? 그것은 아주 작은 질문에서 비롯되었다. 책을 읽으면서 머릿속에 떠오르는 질문들을 흘려보내지 않고 그에 대한 답을 찾으려고 노력했다. 헤디

라마처럼 우리 주변을 살펴보면 질문이 유독 많은 사람이 있다. '왜 그렇지?', '왜 안 되지?' '왜 이런 결과가 나오는 것일까?' 등의 질문을 자주 쏟아내는 사람이 있는지 생각해 보자. 혹은 우리가 호기심을 가지고 주변을 관찰하거나 질문에 대한 답을 찾으려고 고민한 적이 있는지 생각해 보자. '호기심'은 우리가 아는 것과 알고 싶은 것 사이에 간격이 느껴질 때 발생하는 것이다. 모기에 물리면 간지러운 것처럼 뇌가 그 간격에 즉각적으로 반응하는 것이 호기심 발동이다. 간지러움을 해소하려고 여기저기를 긁는 것처럼 스스로 질문하고 답을 찾는 활동에서 변화가 시작된다. 창의적 사고는 여기서부터 출발한다.

아이들은 대개 질문이 많다. 어린 시절을 돌아보면 매사에 질문

이 많았던 일정한 시기를 떠올릴 수 있다. 나이를 먹을수록 질문의 횟수가 줄어들고, 질문보다는 침묵을 택하는 것이 편해지고, 어느 순간 질문을 전혀 하지 않는 성인이 되어버린다. 왜 그렇게 변화했을까? 우리가 점점 타인의 시선을 의식하면서, 주변의 분위기를 살피면서 스스로 침묵을 선택하고 말았다. 질문할 수 없는 사회적 분위기, 문화적 풍토, 주입식 교육 환경과 제도 때문일 수도 있다.

생애 발달적 관점에서 본다면 인간은 대개 40세가 되면 창의적 사고력이 5세 때의 2% 정도 수준으로 떨어진다고 한다. 성인이 되면서 이처럼 감소하는 능력도 있지만, 오히려 증가하는 능력도 있다. 정보 처리 능력은 19세에 가장 절정을 이루며 단기 기억력은 25세 전후에 가장 높아졌다가 이후로 서서히 감소하고, 얼굴 인식 능력은 30대 초반에 최고조에 이른다고 한다. 나이가 들면서 상황을 돌아보고 판단하는 능력이나 이해력은 오히려 증가하는 것이다.

인간의 능력은 나이의 기준만으로 판단하기 어렵다. 전쟁으로 공부를 중단했던 할아버지가 중등 과정부터 다시 시작해서 70세에 박사 학위를 딴 이야기가 화제가 된 바 있다. 80세가 되어서 '자유 에너지'에 관한 이론 물리학 논문을 쓴 국내 연구자도 있고, 60세가 되어서야 비로소 철이 들었다고 인터뷰하는 100세의 철학자도 있다. 이처럼 인간의 능력에는 적정 시기보다는 개인의 상황이나 환경, 노력의 문제가 더 큰 영향을 미치기도 한다.

창의적 사고의 결과물, 그 사고 과정

창의적 사고를 통해 나온 결과물을 보면 '어떻게 저런 생각을 하게 되었지?', '그 비결은 무엇이지?', '저 아이디어는 어디에서 가져온 것일까?' 등의 질문을 하게 된다. 그 결과물을 보고 누군가의 사고 과정을 추론해 볼 수 있기 때문이다.

온라인상에 화제가 되었던 초등학생의 엉뚱한 답안지를 떠올려 보자. 할머니 생신에 드릴 카드를 만들라는 질문에 이 학생은 엉뚱하게도 '삼○ 카드'라고 적힌 카드를 만들어냈다. 이 학생은 '축하 카드'와 '신용 카드'를 구별하지 못한 것일까? 아직 어리고 순진해서 정말 구별하지 못해서 그럴 수 있겠지만, 좀 더 정확히 말하자면 출제자가 기대하는 답을 눈치채지 못했기에 엉뚱한 답을 작성한 것이다. 그렇지 않다면 이 아이는 '축하 카드'보다는 '신용 카드'가 훨씬 더 유용하다는 것을 이미 알고 있는지로 모를 일이다. 우리는 순진함과 엉뚱함, 혹은 영악함 그 어디쯤에 있는 이 답안으로 웃게 된다.

또 졸업을 앞둔 초등학생이 학급 문고에 '가는구나, 가는구나 나의 인생이여, 가는구나 나의 청춘이 가는구나, 인생이 순식간에 지나가네!'라는 동시를 제출했다. 초등학교 6년을 마감하고 졸업을 앞둔 자신의 심경을 꾸밈없이 표현했지만, 우리는 동시를 읽으면서도 웃음을 짓게 된다. 인생의 황혼을 맞은 노인의 시가 아닌 13살 소년의 작품이기 때문이다. 우리는 상황이나 나이에 맞지 않는 표현을 접하면 그 아이디어가 나오게 된 배경을 생각하며 즐겁게 웃을 수 있다. 창의적 사고를 한 사람을 직접 만날 수는 없지만, 그 결과물을 통해 창의적 사고의 과정과 배경을 추론해 볼 수 있다.

모든 창의적 사고에 반드시 특정한 결과물이 있는 것은 아니다. 눈에 드러나는 결과는 없지만 사고 과정을 유추할 수 있는 근거가 있다면 우리는 그것에 주목하게 된다. 인간의 사고는 유사성을 기초로 새로운 상황과 지식을 정리한다. 자신의 지식과 경험을 새로운 상황과 비교해 보고 동일한 것인지 아닌지를 구분하려고 한다. 혹은 기존 정보를 특정한 요구 조건에 맞게 변형하기도 한다. 창의적 사고는 유추에서 비롯되는 것이라고 할 수 있다. 다음의 광고를 한번 살펴보자.

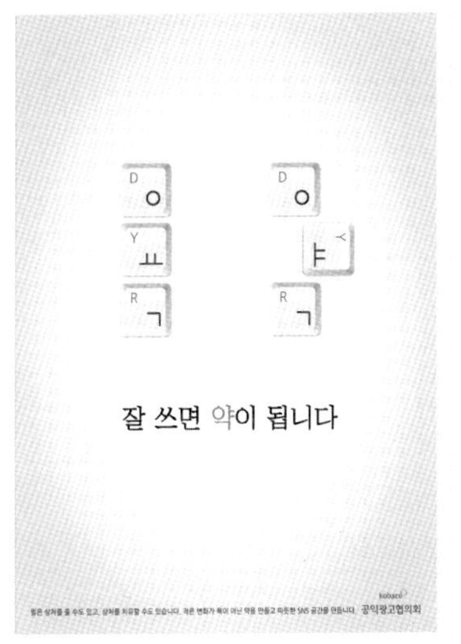

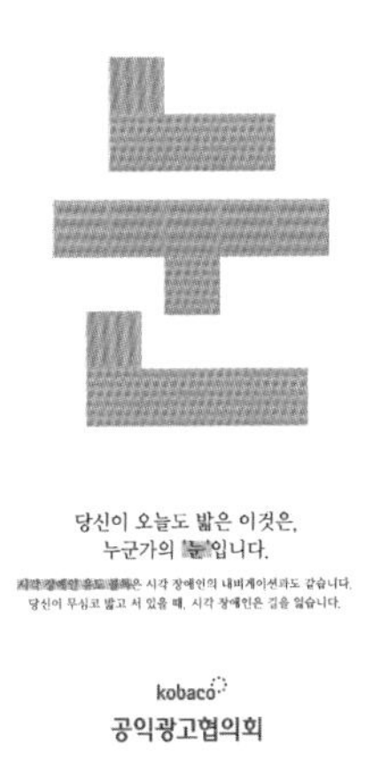

첫 번째 광고는 글자의 자음과 모음의 차이에 착안했다. 글자 '욕'과 '약'의 공통점과 차이점에 주목하여 모음 '요'와 '야'의 차이가 단

어 의미를 완전히 다르게 한다는 것을 발견했을 것이다. 두 번째 광고는 점자 보도블록이 시각 장애인의 눈을 대신한다는 것과 글자 '눈'에 주목해 이를 활용한 사례에 해당한다.

창의적 사고가 드러나는 결과물을 자세히 분석하면 창안자의 사고 과정을 유추해낼 수 있다. 세상에 존재하지 않는 무엇인가를 찾기보다는 기존의 형태나 내용을 어떤 방식으로 변형할지 고민했음을 알게 된다.

발산적 사고와 수직적 사고

학자들이 인간의 지능을 논의할 때 뇌신경 과학자나 인지 심리학자의 도움을 많이 받기도 한다. 인간의 뇌는 천성적으로 모호하고 애매한 것을 싫어하며 어떤 식으로든 이 부분을 해소하려고 계속 움직인다. 신경 전달 물질이 계속 전달되고 독특한 패턴으로 끊임없이 연결된다. 학자들은 실험 참가자에게 창의적 질문을 하고 그들이 답을 찾는 동안 MRI자기 공명 영상 기술로 그들의 뇌를 직접 찍기도 하고, 창의성 테스트를 하는 동안 뇌 속의 신경 신호가 어떻게 전달되는지 그 비밀을 찾아내려고 한다. 약 300억 개로 구성된 뉴런의 작동이 어떻게 변화하는지, 뇌 신경망이 어디에서 어디로 연결되는지를 파악하려는 것이다.

특정 신경 구조가 인간의 창의적 사고에 어떻게 기여하는지 명확하게 밝혀진 바는 없지만, 최근에는 창의적 아이디어를 잘 생성하는 사람의 뇌를 직접 촬영하여 연결망을 모델링하기도 했다. 이 실험에 163명이 참가했고, 그들의 뇌를 직접 촬영하여 연결망의 움직임을 추적 관찰했다. 창의성이 높은 연결망은 주로 전두엽과 정수리 피질에서 조밀한 기능적 연결이 나타났다.(Roger et al., 2018, p2)

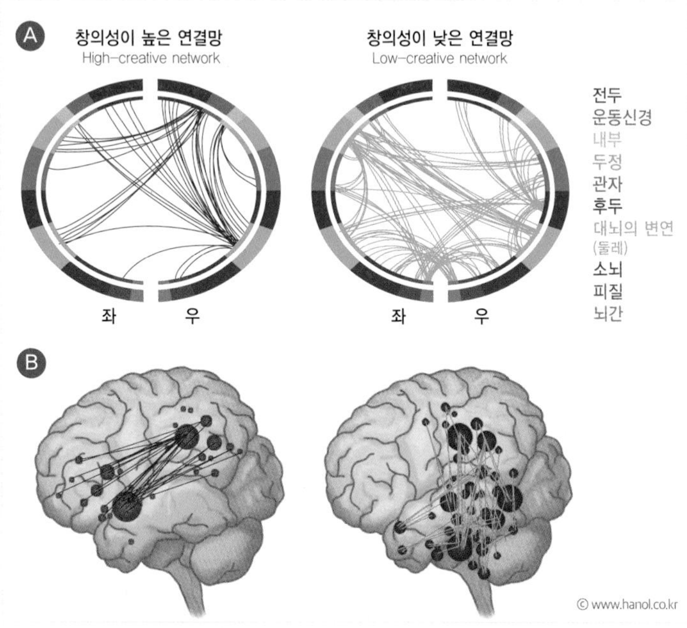

A는 원형 시점으로 본 뇌의 연결망이며, B는 뇌의 외형에 나타난 연결망이다. 창의성이 높은 연결망은 왼쪽 부분이며, 연결망이 특정 부위에 집중되어 있음을 눈으로 확인할 수 있다. 163명을 대상으로 한 실험 결과를 일반화할 수는 없지만 창의성이 발현되는 인간의 뇌의 비밀에 조금 더 다가간 셈이다. 물론 인간의 뇌는 과학자들이 예상하는 것보다 훨씬 더 복잡하고 심오하기에 그 비밀을 다 풀기

는 어려울 것이다.

인간의 뇌를 좌뇌와 우뇌로 나누고 각 영역의 기능을 파악하는 연구들이 있었다. 흔히 좌뇌는 물리적이고 이성적인 판단을 주로 담당하고, 우뇌는 창의적 사고와 관련된 직관적 판단에 관여한다고 알고 있다. 한때는 좌뇌형, 우뇌형으로 유형을 나누어 인간의 잠재된 능력을 설명하기도 했다. 이러한 주장은 과학적 증거가 미약하다는 공격을 받기도 하고, 무엇보다 보통의 인간은 자신의 뇌를 10% 밖에 활용하지 못하기에 이것이 뇌의 영역을 설명하는 절대적인 기준이 될 수 없다고도 한다.

좌뇌의 기능	우뇌의 기능
언어적, 수리적	시간적, 공간적
논리적, 수직적	지각적, 감각적,
공격적, 능동적	수동적, 신비적, 예술적
귀납적, 분석적, 상징적, 수렴적	창의적, 직관적, 확산적
이성적, 사실적	감성적, 창조적
현실적인 것 선호	새로운 것 선호
체계적인 방법으로 문제 해결	지각적 판단에 의한 문제 해결
문자, 도표, 숫자 정보에 치중	리듬, 이미지, 영상에 치중
매번 하나의 데이터만 처리	다각적이고 실용적

로저 울컷 스페리 Roger Wolcott Sperry 박사는 신경 심리학자이자 신경 과학자인데, 그는 좌뇌를 '언어 뇌'라고 하여 좌뇌의 기능을 순차, 논리, 수리로 한정하고 우뇌를 '감성 뇌'라고 하여 그 기능을 시각, 청각으로 한정했다. 그러나 이런 방식은 뇌의 기능을 지나치게 단순화한다고 비난을 받기도 했다. 최근 과학 기술의 발달로 밝혀진 바에 따르면 좌뇌는 주로 문법과 단어를 담당하고, 우뇌는 강세나 강조와 같은 부분을 담당하고 있음이 드러났다. 기존 연구에서는 공간 감각도 주로 좌뇌가 담당한다고 했지만, 실제 우뇌도 공간 감각과 관계가 있었다. 다만 작은 물체에 집중할 때는 좌뇌, 전체적인 형상을 떠올릴 때는 우뇌가 더 활동적이다. 좌뇌와 우뇌의 기능이 한쪽으로 더 우세하게 작용한다고 주장할 수는 있지만, 뇌의 기능을 이분법적으로 접근하는 것은 다소 위험한 발상이다. 다만 정보를 처리하는 방식에서 좌뇌 혹은 우뇌가 더 우세하게 작용한다고 밝혀진 바 있으며, 이는 뉴런 연결의 차이로 발생한다고 한다. 과학자들은 뉴런 연결이 우뇌에 비해 좌뇌의 거리가 짧고 성기기에 그 차이가 나타난다고 주장한다.

심리학자인 길포드Guilford는 창의적 사고를 크게 발산적 사고와 수직적 사고로 나누었다. 여기서 발산적divergent 사고란 주어진 문제에 대해 하나의 정답이 아닌 다양하고 많은 정보를 찾아 자유롭게

사고하는 것 등을 의미한다. 유사한 의미로는 수렴적, 확산적, 상상적imaginative, 수평적lateral 사고 등이 있다. 좁은 의미에서 창의적 사고는 곧 확산적 사고만을 의미할 수 있다. 발산적 사고는 민감성, 유창성, 융통성, 독창성, 정교성 등의 하위 요소를 가진다.

민감성 (sensitivity)	주변 환경에 대한 민감함, 예민함, 새로운 영역을 탐색하고 넓힘
유창성 (fluency)	특정한 상황에서 가능한 한 많은 양의 아이디어나 해결책을 산출하는 것, 아이디어의 풍부함, 양적 능력
융통성 (flexibility)	같은 상황을 다양한 각도에서 접근하는 것으로 아이디어를 응용함
독창성 (originality)	다른 사람과 구별되는 새롭고 기발한 아이디어를 제시함
정교성 (elaboration)	선택한 아이디어를 구체화, 실용화하거나 혹은 사물을 분석할 때 구체화하는 능력

인간은 누구나 남보다 예민하게 반응하는 영역이 있다. 민감성은 주어진 상황이나 문제를 얼마나 빠르게 인지하고 예민하게 받아들이느냐에 해당한다. 냄새, 형태, 색깔 등 물리적 변화에 감각적으로 예민한 사람이 있고, 특정 분야의 변화를 빠르게 감지하고 발견하는 사람이 있다. 혹은 잘 알려지지 않는 영역을 탐험하고 탐구하는 것을 즐기는 유형도 있다.

유창성은 아이디어의 양을 많이 창안해내는 것이다. 흔히 창의적 사고를 '유창성'과 연결해서 연습할 경우, 벽돌의 용도를 주어진 시간 내에 가장 많이 나열하기, 컵 모양을 가장 많이 제안하기처럼 할 수 있다. 나열한 아이디어가 다소 엉뚱하고 비현실적일지라도 아이디어의 양만을 평가하는 방식이다.

융통성은 유연한 시각, 즉 다양한 각도로 바라볼 수 있느냐를 의미한다. 일반적인 관점이나 사고 틀에서 벗어나 다양한 해결책을 생각해 내는 능력이다. 이러한 접근은 시간의 흐름이나 공간의 한계를 초월하기도 한다.

독창성은 새롭고 기발한 아이디어이지만, '기발한'의 기준은 매우 상대적이다. 집단 내에서 철수를 제외한 모든 사람이 사과는 보라색이라고 하고 철수만 빨간색이라고 한다면 이 집단 내에서 가장 독창적인 사람은 철수가 된다. 독창성은 다수가 선택하지 않은, 혹은 비교적 소수의 사람이 선택한 것이고 할 수 있다.

마지막으로 정교성은 큰 아이디어를 세분화할 수 있는 능력에 해당한다. 동일한 사태도 확장하여 세밀하게 바라본다면 상황을 구체적으로 분석할 수 있는 관점이 생긴다. 다섯 가지 특성만으로 발산적 사고를 모두 설명할 수는 없지만, 대개는 정해진 틀이 있고 사고의 방향을 열어 두어서 명확한 답을 정해놓지 않고 다양한 답을 찾는 것이다.

발산적 사고는 수직적 사고(논리적 사고)와는 대립된 특성이 있다. 발산적 사고를 효과적으로 하려면 기존의 가설이나 제약에서 탈피하여 자유롭게 사고하도록 해야 한다. 한 가지 답에만 사고를 고정하지 않고 다양한 대안과 해결책을 제시해 보도록 한다. 기존에 형성된 인식 패턴을 깨고 새로운 인식과 개념을 창출하려면 새로운 변화를 모색해야 한다.

수직적 사고는 기존의 사고를 연장하고 발전시키거나 이용하는 사고 과정이며, 확정적인 해답을 찾는 데 목표를 둔다. 혹은 우리 인식 안에 이미 존재하고 있는 하나의 해답을 찾아내는 사고방식이라고 할 수 있다. 흔히 과학적 사고라고 하면 분석적, 논리적, 이성적, 수리적, 발견적 측면이 우수하다고 본다. 이것은 수렴적Convergent, 합리적reasoning 사고라고 불리기도 하며, 하나의 해답을 얻고자 논리적으로 진행되는 순차적 사고 과정에 해당한다.

수직적 사고는 ❶ 외적 영향 요인을 고려하지 않고 ❷ 기존의 유형이나 가치를 근거로 사고하며 ❸ 개념, 판단, 추리 등의 형식 요소를 가지고 있으며 ❹ 일정한 순서에 따라 진행되어 이론 체계를 구축하는 방식과 유사하다. 수직적 사고는 지식을 탐구할 때 경험 재료를 정리하고, 과학적 가설을 제기하고, 이를 증명하기 위한 도구로 사용된다. 또한 정형적인 패턴이 있으며 문제를 해결하기 위한 가장 정확하고 효율적인 수단을 찾아 나가는 것이다. 대개는 기존의 논리 체계에서 추출할 수 있는 해결책을 찾는 것으로, 가장 정확하고 효율적인 수단으로 보는 사고 능력이다. 사고 활동의 결과를 경제성으로 따진다면 수직적 사고가 효과적이다. 창의적 사고는 발산적 사고와 수직적 사고가 조화롭게 이루어져야 가능하다.

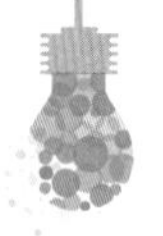

발산적 사고의 훈련

발산적 사고와 수직적 사고 이외에도 창의적 사고를 구성하는 요소들은 매우 다양하다. 학자마다 시대마다 창의적 사고를 기술하는 방식은 다르며, 창의적 사고의 하위 요소를 나누는 기준도 다르다. 좌뇌와 우뇌가 기능적으로 완전히 대립하거나 구별되지 않는 것처럼 창의적 사고도 발산과 수직수렴으로만 설명되지 않는다. 발산적 사고와 수직적 사고가 서로 대립하지 않고 상호 보완적으로 작용하며 일어난다.

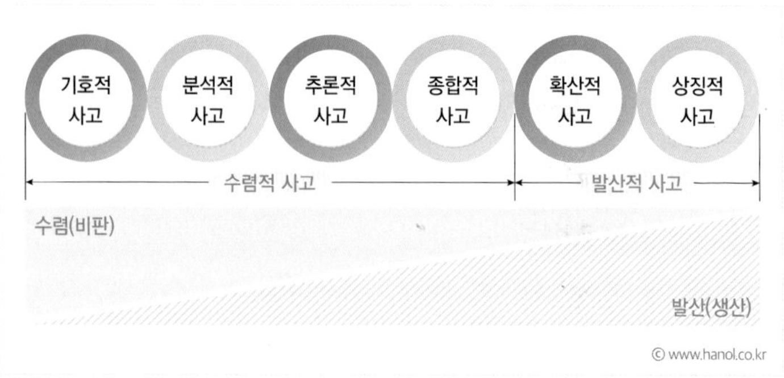

분 류	내 용
기호적 사고	수와 기호를 이용한 복잡한 형식, 수학, 형식 논리학, 수리 논리학의 사고 체계
분석적 사고	주어진 자료를 해석하고 그 의미를 파악하는 능력, 텍스트 분석
추론적 사고	주어진 자료를 가지고 어떤 결론을 이끌어내는 능력, 논증적 사고, 연역 추리, 귀납 추리
종합적 사고	여러 요소나 부분을 전체로 묶어내는 능력, 전체를 조망하는 능력, 의사 결정
확산적 사고	민감성, 유창성, 융통성, 독창성, 정교성 등
상징적 사고	예술적 사고
수렴적 사고	기호적, 분석적, 추론적, 종합적 사고
발산적 사고	확산적, 상징적 사고
수렴(비판)	여러 가지 아이디어 중에서 가장 좋은 것을 추리하거나 정답을 찾는 것
발산(생성)	많은 아이디어를 계속 산출하는 것

위 표는 발산과 수렴을 기준으로 인간의 고등 사고를 기호적, 분석적, 추론적, 종합적, 대안적, 확산적, 상징적 사고로 나눈 것이다. 이 표는 창의적 사고를 몇 가지 유형으로 나눈 것이다.(김영정, 2005) 고등 사고가 바로 창의적 사고 그 자체라고 할 수는 없지만, 인간의 고등 사고 내에 창의적 사고가 내포되어 있음을 추론할 수 있다. 이 표는 창의적 사고가 발산적 사고에만 기인하지 않음을 보여주고 있으며, 기호적, 분석적, 추론적, 종합적 사고 등의 수렴성과 복합적으로 작용하고 있다는 것을 보여준다. 학자에 따라 수렴적 창의성, 발산적 창의성으로 분류하여 설명하기도 한다.

텍스트를 읽고 이해하여 이를 상황 맥락과 연결하고 대상을 바라보는 관점으로 확장한다면 종합적 사고가 창의적 사고에 영향을 끼친 것으로 볼 수 있다. 수렴적 창의성은 기호적, 분석적, 추론적, 종합적 사고 등으로 발현되며, 발산적 창의성은 발산적, 상징적 사고를 통해 발현된다.

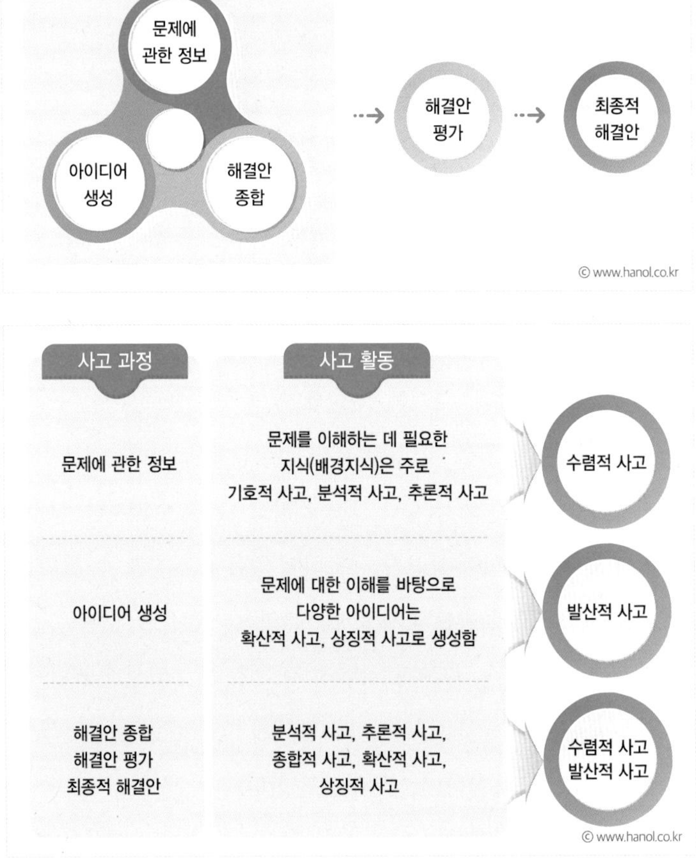

아이디어가 도출되는 과정을 위와 같이 도식화한다면 수렴적 사고와 발산적 사고가 문제 해결에 모두 관여하고 있음을 알 수 있다. 아이디어를 도출하려면 먼저 문제에 관한 배경지식과 정보를 최대한 많이 수집해야 하며, 이를 바탕으로 새로운 아이디어를 생산해 낼 수 있다. 이 과정에서 수렴적 사고와 발산적 사고가 상호 작용하고, 새롭게 생산한 아이디어를 여러 방식으로 적용해 보는 수렴적 사고가 일어난다.(임진웅, 2000) 이런 과정을 반복적으로 수행하면서 문제 해결의 답을 찾아갈 수 있는 것이다.

문제를 이해하고 기존의 지식과 연결하려면 수렴적 사고를 해야 하며, 이와 동시에 새로운 해결안을 마련하려는 발산적 사고를 해야 한다. 창의적 아이디어를 많이 생산하려면 발산적 사고를 극대화할 수 있는 방법을 찾아야 한다.

발산적 사고에 대한 대표적인 이론가에는 심리학자인 드 보노Edward de Bono가 있다. 그는 저서에서 발산적 사고를 위한 다양한 훈련을 소개하면서, 발산적 사고는 동일한 사태를 다른 관점으로 바라보고 상호 질문하는 연습이 필요하다고 했다. 그는 특정 현상을 다양하게 해석하려는 시도와 노력을 중요하게 여겼다. 집단 활동에서는 그림을 그려서 정보를 시각화하여 공유하거나 세부적이고 구체적인 질문을 하여 아이디어를 정

교하게 만들도록 했다. 발산적 사고를 활성화하려면 무엇보다 참여자의 태도가 매우 중요하다.

- 내 생각이 틀리면 어쩌지?
- 내 생각이 이상해서 사람들이 비웃을 거야.
- 안 물어본 건데 내가 말하면 이상하겠지?
- 말하고 싶은데 말을 안 하고 참는 것이 습관이 되어 이젠 아예 말을 못 하겠어.

발산적 사고를 막는 생각이나 행동을 하지 않는 것이 중요하다. 우리는 자신의 아이디어를 말하기 전에 스스로 이러한 생각에 사로잡히게 된다. 문제 해결을 하려면 무엇보다 자유롭게 질문하고 새로운 이야기를 자신 있게 제안할 수 있어야 한다. 드 보노는 이러한 습관이 발산적 사고를 막는 가장 큰 원인이라고 했다.

집단 활동을 시작하기 전에 먼저 구성원들이 자기 생각을 자유롭게 표현할 수 있는 분위기가 조성되어야 한다. 구성원들은 다른 사람의 생각과 의견을 수용적 태도로 경청할 필요가 있다. 우리는 자기 생각을 비판하기보다는 다양한 생각이 떠오르는 순간을 잘 포착하여 메모하거나 녹음하거나 저장하는 연습이 필요하다.

어느 시인은 현실에서 오래 고민한 것을 꿈속으로 재현하거나 그 문제를 혼자 해결하는 자신을 발견하기도 한다고 했다. 그 순간 그 방법을 잊어버릴까 두려워하며 눈을 감은 채로 꿈속의 생각을 메모하거나 심지어 바닥이나 벽에 펜으로 적기도 했다고 한다. 매우 예외적인 사례이긴 하지만, 그가 얼마나 그 문제를 해결하고 싶었는지 미루어 짐작할 수 있다. 기록의 중요성, 새로운 아이디어를 향한 간절한 마음이 수평적 사고를 훈련하게 해준다. 다양한 아이디어를 발견하고 변형하려면 다음과 같은 부분에서 노력할 필요가 있다.

- 스스로를 비판하지 말고 자신을 적극적으로 드러내자.
- 주변 사물을 깊이 관찰하거나 모방해 보자.
- 주변 사물이나 대상을 볼 때 공통점과 차이점을 구분해 보자.
- 습관적으로 하는 일을 거꾸로 시도해 보자.
- 관습적 체계에 대해 역발상적 사고를 시도해 보자.
- 관찰한 사물이나 대상에 대해 같은 점과 다른 점을 구분해 보자.
- 계속 질문하고, 질문 내용을 육하원칙에 맞게 수정해 보자.

그 외에도 드 보노는 『여섯 색깔의 사고 모자The Six Thinking Hats,

1985』에서 창의적 사고가 개인보다는 집단 내에서 더 활발하게 이루어질 수 있다고 주장했다. 여섯 색깔 사고 모자는 소그룹 활동을 통해 다양한 아이디어를 생성하기 위한 훈련으로, 각 모자를 쓰고 그 모자에 해당하는 유형의 사고에 집중하여 해당 주제에 대해 발화하는 것이다.

흰색 모자는 중립적이고 객관적인 태도로 사고하는 연습을 할 수 있다. 흰색 모자를 쓴 사람은 특정 주제에 대해 말할 때 사실에 입각한 객관적 정보만을 이야기해야 한다. 일정한 통계 자료나 설문조사의 결과를 언급하거나 보도 자료를 인용하여 발언하는 경우가 많다. 빨간색 모자는 분노, 노여움과 같은 감정적 사고를 연습하는 것이다. 다른 사람이 말한 내용이나 생각을 감정적으로 비판하는 역할이며, 의견을 부정하거나 비판하는 발화를 한다. 노란색 모자는 밝고 긍정적인 사고를 연습하는 것으로 남의 생각이나 말을 논리적으로 긍정하면 된다. 그 의견의 장점을 열거하되 논리적 근거를 제시하거나 적절한 예시를 나열하면 된다. 검은색 모자는 암울하고 진지한 사고를 연습하는 것으로, 다른 사람의 의견을 논리적으로 반박하는 것이다. 반례를 제시하거나 논거의 오류를 지적할 수 있다. 초록색 모자는 성장을 위한 사고 연습이라고 불리며 특정 문제에 대한 새로운 아이디어를 제안하는 것이다. 지금껏 논의되지 않은 의견을 제시하거나 새로운 사례나 자료를 근거로 사용하면 된다. 마지막으로 파란색 모자는 냉정함을 유지하며 모든 상황을 통제하는 사고이다. 토의 진행자와 같은 역할을 하며, 각자가 맡은 역할에 충실하게 발화하고 있는지, 각 색깔에 맞는 사고 방법을 정확하게 구사하는지, 참여자 중 다른 사람의 역할을 방해하지 않도록 관리하는 것이다. 여섯 색깔의 사고 모자는 한 사람에게 한 가지 분야의 사고를 하도록 하여 참여자가 자신의 역할에 집중할 수 있게 한다. 참여자들이 짧은 시간에 집중적으로 사고 전환을 연습할 수 있다는 점에서 매우 유용한 방법이다.

여섯 색깔 모자 활동은 다양한 모둠 활동에도 적용해 볼 수 있다. 예를 들어 창작 무용 수업을 할 때 조별 활동으로 여섯 색깔 모자를 활용하기도 한다. 조별 학생들에게 여섯 색깔 종이를 나누어 주고 무작위로 학생을 선정한다. 학생들이 자신에게 주어진 색깔을 보고 이에 맞는 이야기를 만들고 동작을 하게 한다. 이렇게 자신의 색깔에 맞게 만들어진 동작을 모아서 전체를 구성하여 하나의 작품을 완성할 수 있다.(김이경, 이재정, 2016) 완성된 작품을 수정하거나 평가할 때에도 각자 맡은 모자의 역할대로 참여할 수 있다. 또 모자를 바꿔가면서 다른 방식으로 무용 동작을 만들 수도 있다. 여섯 색깔 모자를 활용하면 모둠 학생들이 모두 다 작품 창작에 골고루 참여할 수 있다. 토의할 때에도 여섯 색깔 모자를 적용하여 다양한 아이디어를 정리해 볼 수 있다.

다음 사례는 '전 국민 통신비 지급'에 대한 학생들의 발화를 기록한 것이다.

13세 이상의 모든 국민에게 준다던 통신비 2만 원, 16~34세, 65세 이상만 '선별 지급' 예정

코로나19로 인해 4차 추경으로 7조 원 규모로 2차 재난지원금을 편성했다. 전 국민을 대상으로 통신비 2만 원을 지급하고자 했으나 여야가 지난 22일 통신비 지급 대상에서 35~64세를 제외하고 선별 지급하기로 결정했다. 그 결과 통신비 지급비가 9천 400억 원에서 5천 300억 원으로 삭감되었다. 통신비 지급 대상에서 제외된 계층에서는 즉각적인 반발이 나타났다.

Ⓐ 이 기사에 따르면 코로나19가 시작되면서 정부는 전 국민에게 통신비 2만 원씩을 지급하기로 발표했다가 예산 규모를 줄이려고 35세부터 64세까지는 제외한다고 정책을 변

경했습니다. 혹시 이런 갑작스러운 지급 변동으로 나타날 수 있는 문제는 없을까요? 이번 지원에서 소외된 계층에게는 어떤 다른 지원을 해줄 수 있으며 이에 대한 아이디어는 없을까요?

B 통신비 지급에서 제외된 계층에게는 다른 차원의 지원이 반드시 필요합니다. 예를 들어 5세 이하의 자녀가 있는 가정에는 돌봄비를 지원하고, 초등학생 이상의 자녀가 있는 가정에는 급식비 지원을 위해 식재료 구입 카드를 지원하면 어떨까요?

C 오, 그거 좋은 생각이에요. 통신비 2만 원을 못 받더라도 해당 연령대의 가정은 자녀가 있으면 돌봄비나 급식비 지원을 받을 수 있네요. 자녀도 좋아하겠지만, 학부모님이 더 좋아할 것 같아요.

D 코로나19로 현재 학교가 모두 온라인 수업을 하고 있잖아요. 학생들이 학교 급식을 제공받지 못하는 대신, 가정 내에서 필요한 것들을 카드로 구매할 수 있어서 좋을 것 같아요. 특히 학부모님들이 원하는 방향에 맞춰서 돌봄비를 사용할 수 있어서 좋기도 하고요.

E 원하는 방향에 맞춰서 돌봄비나 카드를 사용한다고요? 학생의 필요에 맞게 사용될 수 있을까요? 조금 위험할 수도 있어요. 잘못하면 악용될 수 있고요. 돌봄비나 카드가 얼마나 지급되나요? 2만 원 통신비와 차이가 많이 나지 않나

요? 그러면 오히려 돌봄비나 카드를 받지 못하는 사람들이 불만을 갖거나 더 허탈해할 수도 있을 것 같아요. 통신비와 대비하여 지급 비용 예산을 미리 생각해 보고 결정해야 하지 않을까요?

F 맞아요. 실제 비용을 한번 비교해 보아야 할 것 같아요. 추경 예산이 전체 7조인데, 9천 400억인 통신 지급비를 5천 300억으로 줄인 게 얼마나 효율적인가를 생각해봐야 할 것 같아요. 전체 추경 예산 대비 얼마나 비용을 절감했는지도 궁금합니다. 무엇보다 35세 이상 64세 이하 중에는 자녀가 없어서 돌봄비를 받지 못하거나 자녀가 혜택 범위의 연령이 아니라서 카드를 받지 못하는 사람도 있지요.

G 잠깐, 결국 통신비 2만 원도, 돌봄비도, 카드도 받지 못하는 사람이 생길 수밖에 없어요. 그럼 이 부분에 대해서 우리가 다시 논의해 봐야 하겠는데요, 다들 어떻게 생각하시나요?

참여한 학생들이 어떤 역할을 하고 있는지 생각해 보자. A부터 G까지는 각각의 학생으로도 볼 수 있고, 동일한 학생이 여러 번 발화한 것으로도 볼 수 있다. A와 G는 주로 파란색 모자 역할로, 다른 참여자들에게 새로운 의견을 제안하도록 독려하고 있다. B와 D는 초록색 모자 역할로 주제에 대한 새로운 아이디어를 제안했고, C와 E는 빨간색 모자 역할로 먼저 나온 의견에 대해 긍정하거나 부정했으며, F는 노란색 모자 역할로 각종 통계 자료를 근거로 상대 의견을 찬성하고 있다.

한 사람의 발화 전체를 한 개의 모자 역할만으로 제한하기는 어렵다. 각 발화 속에는 부분적이지만 중립적인 태도가 드러나는 흰색 모자 역할이 포함되기도 한다. 그 외에도 일상 대화, 회의, 토론 등의 집단 담화에서 여섯 색깔 모자 방법을 다양하게 적용해 보자.

창의적 사고 열기 활동 1

다음은 조지훈의 시 〈승무〉가 어떻게 완성되었는지 그 구상과 집필 과정에 대해 시인이 직접 쓴 글이다. 시 한 편을 집필하는 데 시인이 얼마나 많은 시간과 정성을 들였는지, 집필 과정에서 겪은 시인의 주된 고민이 무엇이었는지를 파악하며 글을 읽어보자.

승무僧舞의 시작詩作 과정

조 지 훈

지금도 그렇지만 나는 시정을 느낄 때 뜻 모를 선율이 먼저 심금에 부딪힘을 깨닫는다. 승무의 불가사의한 선율을 안고 돌아온 나는 이듬해 늦은 봄까지 붓을 들지 못하고 지내왔었다.

춤을 묘사한 우리 시가로 본보기가 될 만한 것이 아직 없을 때이다. 나에게는 오직 우울밖에 가중되는 것이 없었다. 이와 같이 한마디의 언어, 한 줄의 구상도 찾지 못한 채 막연한 괴로움에 싸여 있던 내가 승무를 비로소 종이 위에 올리게 된 것은 내 스무 살 되던 해의 첫 여름의 일이다. 미술 전람회에 갔다가 김은호金殷鎬의 승무도僧舞圖 앞에 두 시간을 서 있은 보람으로 나는 비로소 무려 78매의 스케치를 가질 수 있었다. 움직임을 미묘히 정지태로 포착한 이 한 폭의 동양화에서 리듬을 찾을 수 있는 것은 당연한 발견이었으나 이 그림은 아마 기녀의 승무를 모델화한 성싶어 내가 찾는 인간의 애욕과 갈등 또는 생활고의 종교적 승화 내지 신앙적 표현이 결여되어 그때의 초고는 나의 춤의 외면적 양자糧資를 형상하는 정도의 산만한 언어의 나열에 지나지 않았다. 그러나 이 그림을 통해서 내가 잡지 못해 애쓰던 어떤 윤곽을 잡을 수 있었던 것만은 사실이다.

나는 이 초고를 몇 날 만지다 그대로 책상에 버려둔 채 환상이 가져오는 소위 시수詩廋에 빠지게 되었으니 이 승무로 인하여 떠오르는 몇 개의 시상을 아낌없이 희생하기까지 했으나 종시 뜻을 이루지 못했던 것이다. 그러면 나는 용주사의 춤과 김은호의 그림을 연결시키고도 왜 시를 형성하지 못했던가? 이는 오직 춤을 세밀하게 묘사하면 춤의 묘사가 죽는, 말하자면 내용과 형식, 정신과 육체, 무용과 회화의 양면성을 초옥하지 못하기 때문이었다. 내가 이것을 초옥하고 한편 시를 만들기까지는 또다시 몇 달이 지난 그해 10월 구왕궁舊王宮 아악부雅樂部에서 영산회상靈山會上의 한 가닥을 듣고 난 다음 날이었다. 아악부를 나서면서 나는 몇 개의 플랜을 세우게 되었으니, 이것이 곧 시를 이루는 골자가 되는 것이다.

먼저 초고에 있는 서두의 무대 묘사를 뒤로 미루고 직접적으로 춤추려는 찰나의 모습을 그릴 것, 그다음, 무대를 약간 보이고 다시 이어서 취도는 춤의 곡절로 들어갈 것, 그다음 움직이는 듯 정지하는 찰나의 명상의 정서를 그릴 것.

관능의 샘솟는 노출을 정화시킬 것, 그다음, 유장한 취타吹打에 따르는 의상의 선을 그리고 마지막 춤과 음악이 그친 뒤 교교한 달빛과 동터오는 빛으로써 끝막을 것. 이것이 그때의 플랜이었으니 이 플랜으로 나는 사흘 동안 퇴고에 퇴고를 거듭하여 한 편의 시를 겨우 만들게 되었다. 퇴고하는 중에도 가장 괴로웠던 것은 장삼의 미묘한 움직임이었다. 나는 마침내 여덟 줄이나 되는 묘사를 지워버리고 나서 단 두 줄로

소매는 길어서 하늘은 넓고
돌아설 듯 날아가며 사뿐히 접어올린 외씨버선이여

하고 말았다. 이리하여 나는 전편 15행의 다음 같은 시 하나를 이루었던 것이다.

얇은 사紗 하이얀 고깔은
고이 접어서 나빌레라

파르라니 깎은 머리
박사薄紗 고깔에 감추오고

두 볼에 흐르는 빛이
정작으로 고와서 서러워라

빈 대에 황촉黃燭불이 말 없이 녹는 밤에
오동잎 잎새마다 달이 지는데

소매는 길어서 하늘은 넓고
돌아설 듯 날아가며 사뿐히 접어올린 외씨버선이여

까만 눈동자 살포시 들어
먼 하늘 한 개 별빛에 모두오고

복사꽃 고운 뺨에 아롱질 듯 두 방울이야
세사世事에 시달려도 번뇌煩惱는 별빛이라

휘어져 감기우고 다시 접어 뻗는 손이
깊은 마음속 거룩한 합장合掌인 양하고

이밤사 귀또리도 지새우는 삼경三更인데
얇은 사紗 하이얀 고깔은 고이 접어서 나빌레라

오래 앓던 작품을 완성했을 때의 즐거움은 컸다 하지 않을 수 없었으나 처음 의도에 비해서 너무나 모자라는 자신의 기법에 서글픈 생각이 그에 못지않게 컸던 것도 사실이다. 어떻든 구상한 지 열한 달, 집필한 지 일곱 달 만에 겨우 이루어졌다는 이야기로써 나의 '승무'의 기밀은 끝난다. 써놓고 보니 이름 모를 승려의 춤과 김은호의 그림과 같으면서도 또 다른 하나의 승무를 만들게 되었던 것이다. 말하자면 이 춤은 내가 춘 승무에 지나지 않았다. 춤추는 승려는 남성이더랬는데, 나는 이승으로 그림의 여성은 장삼 입은 속녀俗女였으나 나는 생활과 예술이 둘 아닌 상징으로서의 어떤 탈속한 여인을 꿈꾸었던 것이다. 무대도 나중에는 현실 아닌 환상 속에 이루어진 것이다. 이것이 곧 이 승무는 나의 춤이 되는 까닭이다. 그때 어떤 선배는 나의 시에서 언어의 생략을 충고하셨으나 유장한 선을 표현함에 짧고 가벼운 언어만으로써는 도저히 뜻할 수 없어 오히려 리듬을 위해서는 부질없는 듯한 말까지 넣지 않을 수 없었다. 자연한 해조諧調를 이루는 빈틈 없는 부연은 생략보다도 어렵다는 것을 나는 여기서 절실히 느꼈다.

조지훈, 『시의 원리』, 나남출판, 1996, p.p. 181~185

❶ 저자가 '승무'라는 시를 쓰게 된 까닭은 무엇인가?

❷ 시를 창작하는 과정과 창의적 사고 과정이 어떻게 유사하고 다른지 생각해 보자. 창의적 사고를 잘하려면 무엇이 필요한가?

창의적 사고 열기 활동 2

다음의 글을 읽고, 발산적 사고와 수렴적 사고를 연습해 보자.

병든 사자가 동굴 속에 누워 있었습니다. 사자는 절친한 동무인 여우에게 말했습니다.

"내가 회복되어 살기를 바란다면 자네의 달콤한 혓바닥을 놀려 숲속에 사는 큰 사슴을 꾀어 내 발톱이 미치는 곳으로 데려오도록 하게나. 나는 사슴의 창자와 허파가 먹고 싶단 말일세."

여우는 나가서 숲속에서 뛰놀고 있는 사슴을 발견했습니다. 거기에 들어가 여우는 사슴에게 이렇게 인사말을 붙였습니다.

"나는 아주 좋은 소식을 가지고 왔습니다. 우리들의 왕인 사자님과 내가 이웃이란 것은 알고 계시지요? 병환이 나서 오늘내일하십니다. 그래서 어떤 동물이 다음에 왕이 되어야 할지를 생각하고 계시거든요. 돼지는 지각이 없고, 곰은 게으름뱅이요, 표범은 성미가 고약하고, 호랑이는 허풍선이라는 것이지요. 그래서 사슴이 왕좌에는 가장 적임자라는 것이지요. 귀도 인상적으로 크고 장수하는 동물인 데다가 두 뿔은 뱀도 무서워한다는 것이지요. 요컨대 귀하가 왕으로 지명되신 겁니다. 이 소식을 처음으로 전해 드리는 제게 무슨 대답을 주시렵니까? 어서 말씀해주세요. 전 서둘러야 합니다. 사자님은 매사에 제 조언에 의존하십니다. 그래서 곁에 있기를 바라실 것입니다. 이 늙은이의 충고를 따르셔서 저와 함께 가셔서 임종 때까지 사자 곁에 눌러 계십시오."

이 말에 사슴의 마음은 자부심으로 부풀어 올랐습니다. 그래서 무슨 일이 일어날지 아무런 의심도 않고 동굴로 갔습니다. 사자는 열을 내어 사슴에게 덤벼들었지요. 그러나 발톱으로 사슴 귀를 찢을 수 있었을 뿐입니다. 그리고 사슴은 급히 숲속으로 달아났습니다. 여우는 자기 헛수고에 실망하여 두 손을 치고 야단이었습니다. 사자는 분하고 배가 고파서 큰 소리로 탄식하고 으르렁거렸습니다. 결국 사자는 다시 한번 시도해서 사슴을 꾀어 오라고 여우에게 간청했습니다.

"제게 맡기시는 일은 참 어렵고 성가신 것이지만 그러나 해 보도록 하겠습니다."

하고 여우는 대답했지요. 그리고 간교한 궁리를 하면서 사냥개처럼 사슴을 뒤쫓기 시작했습니다. 그리고 몇몇 목동들에게 피가 묻은 사슴을 보았느냐고 물었습니다. 그들은 사슴이 들어간 숲을 손가락으로 가리켜 주었습니다. 급히 도망쳐 와서 몸을 식히고 있는 사슴을 보고 여우는 뻔뻔스럽게도 말을 붙였습니다. 사슴은 노여움으로 머리카락이 쭈뼛해졌지요.

“네놈에게 다시 걸리지 않겠다. 내게 가까이 오기만 하면 살려 두지 않겠다. 가서 너를 잘 알지 못하는 사람이나 속여 먹어라. 딴 사람을 찾아내어 왕으로 삼고 분통을 터뜨리렴.”

하고 사슴은 말했습니다.

“그리도 친구인 우리 사이를 의심한단 말이오? 사자님이 귀하의 귀를 잡은 것은 돌아가시기 전에 마지막 충고와 교시를 내리시려 한 것입니다. 왕으로서의 큰 책임에 관해서 말입니다. 그런데 당신은 병든 환자의 손에 긁히는 것조차 견디지를 못하셨습니다. 그래서 사자님은 지금 당신보다 더 화가 나셔서 이리를 왕으로 삼으시길 바라고 계십니다. 우리에겐 고약한 왕이 될 것입니다. 자, 저와 함께 가시고 두려워 마십시오, 양처럼 유순하십시오. 모든 나무 잎새와 샘을 두고 맹세하지만 사자는 해치지 않을 것입니다. 그리고 저는 당신 이외엔 누구도 상전으로 모시고 싶지 않습니다.”

이런 속임수로 사슴은 재수 없는 여우와 다시 함께 가게 되었습니다. 사슴이 동굴로 들어서자마자 사자는 사슴을 먹어 치웠고 뼈와 골수와 내장을 모조리 삼켰습니다. 여우는 서서 구경했지요. 시체에서 염통이 떨어져 나오자 그는 몰래 낚아채어 자기 수고에 대한 보수라고 먹어치웠습니다. 사자는 그것을 놓치고 도로 찾았습니다.

“염통 찾기를 그치는 게 좋아요.”

하고 여우는 안전한 거리에서 말하는 것이었습니다.

“사실은 염통이 없으니까요. 두 번이나 사자 굴과 사자 손아귀로 찾아드는 녀석에게서 무슨 염통을 기대한단 말입니까?”

① 다음은 이 이야기의 줄거리를 간략히 요약한 것이다. 밑줄 친 부분을 채워 보자.

병든 사자가 사슴을 먹고 싶다며 여우에게 사슴을 꾀어서 동굴로 데려오라고 한다. 여우는 사자의 청을 받고 사슴에게로 간다. 여우는 사슴에게 사자가 죽게 되어 새로 동물의 왕을 뽑는데 바로 사슴이 적임자라고 꼬인다. 자부심에 가득 찬 사슴은 아무 의심도 없이 여우를 따라갔다가 상처를 입고 도망간다.

② 저자가 이 이야기로 말하고자 하는 바를 정리해 보자.

③ 이 이야기를 다른 관점으로 재구성하여 설명해 보자.

PART 2
창의적 사고 발견하기

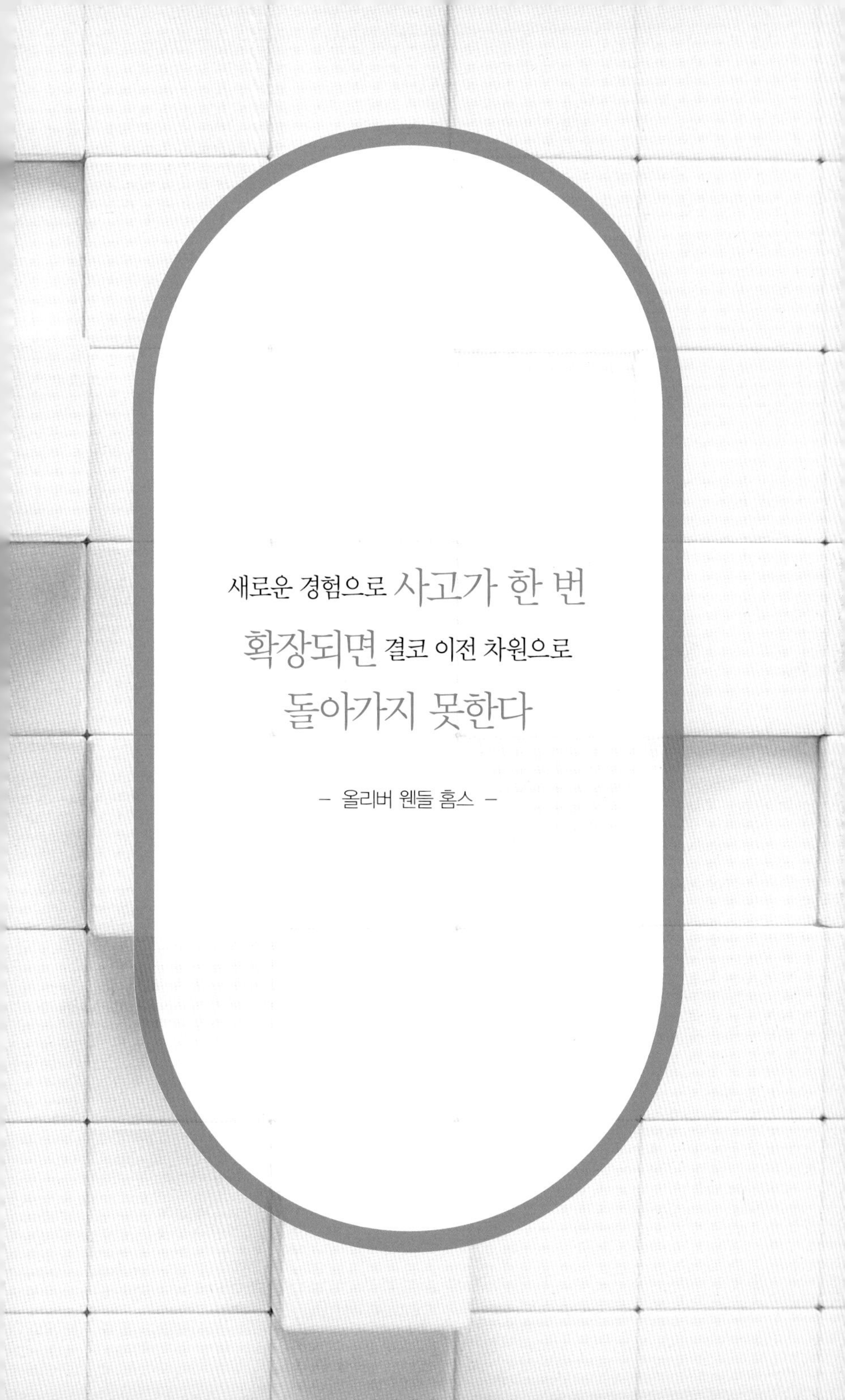
새로운 경험으로 사고가 한 번
확장되면 결코 이전 차원으로
돌아가지 못한다
- 올리버 웬들 홈스 -

유사성의 원리

전기가 없는 시대로 돌아갈 수 있을까? 스마트폰이 없던 시대로 돌아갈 수 있을까? 상상만으로도 매우 불편하고 답답해진다. 우리가 지금 누리고 있는 것들을 포기하고 이전 시대로 돌아갈 수도 없지만, 기술의 발전으로 누리는 편리함을 포기하기는 쉽지 않다. 인간은 새로운 경험을 하게 되면 다시 이전 차원으로 돌아가기 매우 어렵다고 한다. 창의적 사고의 몇 가지 원리를 익히면 사물을 바라보는 시각이 이전과는 달라질 수 있다. 창의적 사고는 대표적으로 유사성과 폐쇄성의 원리로 나누어 볼 수 있다.

『폴리매스2020』의 저자 와카스 아메드Waqas Ahmed는 창의성을 잡종hybridity이라고 정의했다. 잡종이라는 말은 생물학 분야에서 처음 사용된 용어로 '교차 수분식물', '이종 교배동물' 등을 의미했지만 오늘날에는 언어학이나 문화 연구 분야에서 다양하게 사용되고 있다. 혼종, 혹은 혼합이라고 하며, 최근에는 융합, 통합 등을 의미하기도 한다. 와카스 아메드는 아이디어를 '번식한다'라고 표현했으며,

아이디어와 아이디어가 서로 접촉해야 증식한다고 주장했다.

스티브 잡스도 창의적 사고를 '연결하는 것Creativity is just connecting things'이라고 소개한 바 있다. 서로 관련 없는 것처럼 보이는 것들을 다양한 방식으로 연결하고 배합하는 과정에서 새로운 결과물이 창출된다는 의미이다.

창의적 사고의 과정은 '유사성을 발견'하는 과정이라고 볼 수 있다. 인간은 새의 날개를 열심히 관찰하면서 비행기를 발명하고 연못의 연꽃잎 표면을 관찰하여 옷감을 만들기도 했다. 2017년 세계 100대 발명품에 연잎 옷감이 포함되어 있다. 발명가는 연꽃잎의 미세한 돌기를 보고 비가 내려도 물이 스며들지 않는 원리를 적용하여 물이 옷감에 스며들지 않고 표면을 따라 흘러내리는 옷감을 발명한 것이다.

유사성에 착안하는 것은 주어진 사물이나 현상에 대한 새로운 시각을 갖는 것이며 그것에서 다양한 아이디어를 산출해내는 능력의 시작점이다. 우리는 새로운 시각을 갖기 위해 기존의 사물을 관찰하여 관련 요인, 지식, 경험을 비교한다. 때로는 자연 속에서 다양한 현상들을 관찰하고 그것을 모방하면서 목적에 맞게 다른 형태로 바꾸거나 재구성하거나 재결합하는 과정을 거친다. 이러한 사고 과정을 반복하면서 우리는 지식 체계를 구성해 간다.

유비 추리

인간은 세상에 있는 것들을 나누고 쪼개고 다시 합칠 수 있는 사고 능력이 있는데, 이를 범주화categorization라고 한다. 우리는 새로운 대상을 접하게 되면 이를 기존 정보와 비교하여 유사성이 있는지를 판단해 대상을 분류해 나간다. 만약 새로운 대상을 범주화하기가 어렵다면 범주의 경계선을 스스로 바꾸기도 하고, 새로운 범주를 만들어 재분류하기도 한다. 눈 앞에 펼쳐진 현상이나 새로운 사태를 분석할 때도 기존 정보와의 공통점과 차이점을 찾아가는 방식이 가장 보편적이다. 인간은 세상의 모든 것을 다 경험할 수 없기 때문에 자신이 알고 있는 것과 새로운 것을 끊임없이 비교하면서 새로운 지식을 구축해 나간다. 그러므로 유사성혹은 동질성은 매우 중요한 판단 기준이 된다.

유사성을 잘 활용한 사고 방법이 유추이다. 유추유비 추리(類比 推理, Analogy)란 둘 혹은 그 이상의 대상이나 현상 사이에 유사성이나 관련성을 알아내는 것이다. 만약 우리가 어떤 대상(A)을 직접 경험해보고 그 속성을 알고 있는 상태에서 A와 아직 경험하지 못한 대상 B가 유사하다고 판단되면 B의 속성을 추리할 수 있다.

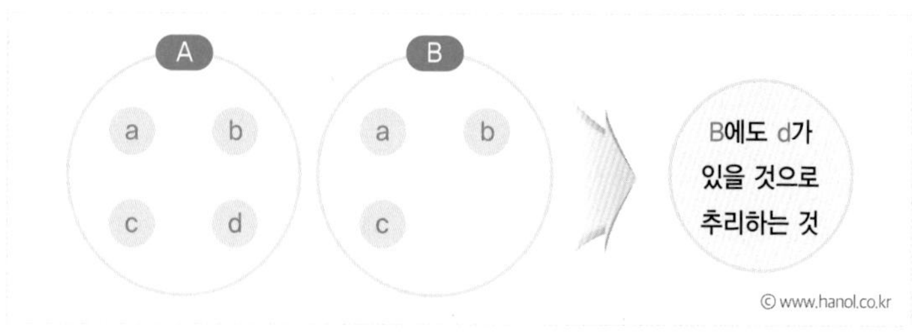

유추는 두 개의 사물이 여러 면에서 비슷하다는 것을 전제로 아직 드러나지 않은 나머지 속성도 이와 유사할 것이라고 사고하는 것이다. 예를 들면 최재천 교수의 『생명이 있는 것은 다 아름답다』 중 '황소개구리와 우리말'에서 유비 추리를 찾아볼 수 있다. 생태계의 먹이 사슬을 활용하려고 황소개구리를 수입하여 우리 땅에 풀어놓았더니 천적만 잡아먹는 것이 아니라 참개구리까지 잡아먹었다. 결과적으로 황소개구리는 토종 개구리까지 멸종시키는 위기를 가져왔다. 이러한 상황에 빗대어 외래어가 우리말을 잠식하는 것을 비유하여 설명했다. 즉, 황소개구리와 참개구리의 관계를 통해 외래어와 우리말의 관계를 추리할 수 있다는 것이다.

- 익은 벼가 고개를 숙이듯이 배움이 커질수록 겸손해야 한다.
- 몸에 좋은 약이 입에 쓰고 마음에 좋은 말은 귀에 거슬린다.
- 눈덩이가 굴러갈수록 커지듯이 거짓말도 할수록 커진다.

속담, 격언 등에서도 유추의 예시를 찾아볼 수 있다. '익은 벼'와 '고개를 숙임'의 관계로 '배움이 커지는 것'과 '겸손'을 추론할 수 있다. 물론 이것이 성립되려면 '벼'와 '인간'이 유사한 점이 있다는 것을 전제로 해야 한다. '몸에 좋은 약'과 '입에 쓰다苦'의 관계로 '마음에 좋은 말'과 '귀에 거슬린다'를 추리할 수 있다. 또한 눈덩이가 커지는 것처럼 거짓말도 커질 수 있음을 빗대어 나타냈다. 유추가

항상 옳은 것은 아니다. 대상과 대상 간의 유사성이 있다고 모든 연관성이 다 필연적인 것은 아니며, 두 대상이 동일한 부류에 속한다고 하여 모든 속성이 다 동일하다고 볼 수도 없기 때문이다.

유사성의 결합

"모방은 창조의 어머니다."라는 말을 흔히 들어볼 수 있다. 인류의 기술이라는 것은 대부분 자연을 모방한 것이며, 수많은 예술품은 이전 시대의 예술가나 예술품을 모방한 것이다. 오늘날 기술의 발전이라고 하는 것도 결국 모방에서 비롯된 것이다. 예를 들어 인간의 자연스럽고 안정적인 걸음에 착안하여 로봇의 걸음걸이가 인간처럼 자연스럽거나 인간의 걸음걸이에 가까울수록 우리는 기술이 진보했다고 평가한다. 혹은 인간의 발명품이 자연이나 인간의 어떤 기능과 유사할수록 더 높은 평가를 하기도 한다.

인류의 발명품에는 자연을 관찰하거나 특정 현상을 모방한 것이 많다. 새가 나는 모습을 관찰하며 비행기를 만들었고, 문어 빨판을 보고 흡착판을 만들어 물건을 벽에 붙이는 데 사용한다. 전복 껍데기는 바깥층과 안쪽층이 구별되어 다른 소재보다 가볍고 튼튼하다. 인간은 이런 구조를 활용하여 탱크나 방탄복을 만들기도 한다.

또 상어 비늘의 미세 돌기가 공기나 물의 저항을 줄인다는 것을 알고 이를 자동차 타이어, 잠수함, 수영복 등에 활용한다. 물총새가

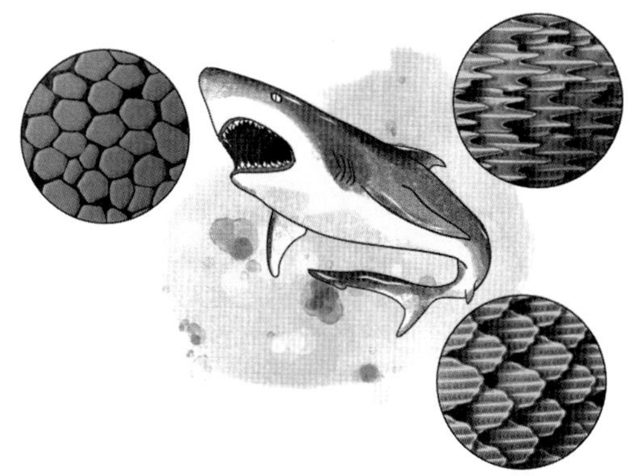

물속의 먹이를 재빠르게 사냥하는 것을 보고, 인간은 그 날렵하고 길쭉한 머리와 부리 모양의 비밀을 밝혀냈다. 일본 신칸센 기차가 터널에서 엄청난 소음을 발생시키는데, 이를 해소하려고 물총새 머리와 부리 모양을 본떠 디자인을 수정했다.

지하 터널을 뚫을 때도 다이너마이트를 사용하기도 하지만, 더 안전한 공사를 하려고 TBMTunnel Boring Machine 공법, 즉 터널 천공기를 사용한다. 이는 배좀벌레조개가 굴을 만드는 원리를 적용했다고 한다. 달팽이 크림의 발명도 마찬가지이다. 달팽이 피부 점막엔 자가 치유 기능을 하는 뮤신 성분이

있는데, 달팽이 사육사가 자신의 손이 다른 부위에 비해 밝고 부드럽다는 것을 발견한 이후 여러 가지 실험을 거쳐 과학적으로 그 효과를 입증하게 되었다. 그렇게 해서 오늘날 달팽이 크림이 탄생하게 된 것이다.

자연을 관찰하거나 주변 사물 속의 다양한 현상을 분석하다 보면 이를 다른 분야에 적용할 수 있다. 관찰 대상과 새로운 대상을 연결할 때 형태, 구조, 기능, 색채 등의 유사성에 착안하는 것이 유사성 결합이다. 그 외에도 일상 속에 매우 다양한 사례들을 찾아볼 수 있다.

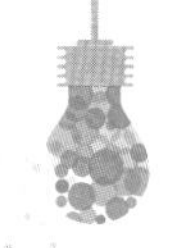

폐쇄성의 원리

피렌체 대성당산타 마리아 델 피오레 성당의 두오모 코폴라에 대해 한 번 생각해 보자. 피렌체는 900년간 사용했던 기존 성당을 허물고 아르놀포 디 캄비오Arnolfo di Cambio를 통해 새로운 성당을 계획했다. 그 건축가는 팔각 돔이 있는 멋진 성당을 설계했고, 1296년 9월부터 대공사가 시작되었다. 그러나 건축 기간이 길어지면서 건축가는 사망하고 새로운 설계자가 나타났지만, 그 역시도 사망했다. 1348년에 흑사병으로 공사가 중단되기도 했지만, 1418년에서야 돔을 제외한 모든 부분이 완성되었다.

오랜 기간에 걸친 공사도 문제였지만, 높은 성당의 지붕을 어떻게 완성할지에 대해 상당한 논란이 일었다. 당시 기술력으로는 홍예아

치를 활용하여 지붕을 완성해야 하는데, 건축물이 홍예를 포함한 지붕의 무게를 견딜 수 있을지 의문이었다. 결국 피렌체는 이를 해결하기 위해 건축 공모전을 열었고, 그 결과 건축가가 아닌 금속 세공사인 브루넬레스키Filippo Brunelleschi가 당선되었다. 그는 건축에 경험이 전혀 없는 사람이었다. 당대 건축가의 대부분은 그의 작업을 반대했지만, 그는 자신만의 생각을 하나씩 실현해 나갔고, 두오모 쿠폴라는 마침내 1434년에 완성되었다.

처음 설계보다 지름이 무려 9.5m가 더 큰 지붕을 어떻게 완성할 수 있었을까? 그것은 기둥 없이 제작된 쿠폴라의 내부를 보면 이해할 수 있다. 당시 피렌체에 있는 수많은 건축가가 할 수 없었던 일을 해낸 금속 세공가 브루넬레스키는 벽돌끼리 서로 밀어내는 힘의 원리를 이용하여 벽돌을 사선으로 쌓았다. 그래서 지붕의 모양을 자세히 보면 완벽한 대칭이 아닌 기울어진 모양에 가깝다.

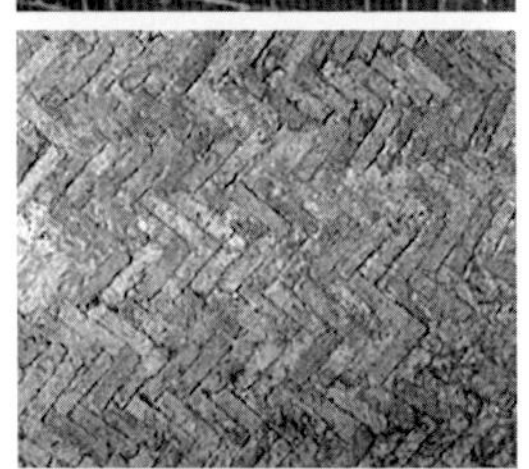

그렇다면 브루넬레스키는 이러한 아이디어를 어디에서 가져왔을까? 그가 로마에서 10년간 거주하면서 스스로 공부했던 고대의 다양한 건축 양식 덕분이었다.

오른쪽 첫번째 사진은 두오모 쿠폴라의 벽 모양으로, 당시 피렌체 사람들에게는 생소한 것이지만 다른 곳에서는 이미 사용되고 있는 기술이었다. 두 번째 사진은 오푸스 스피카툼Opus Spicatum이라는 것으로 과거 로마인들이 사용했던 바닥 장식 무늬이다. 브루넬레스키는 이 무늬에 착안하여 홍예 없이 벽돌로 두오모를 쌓아올렸으며, 벽을 내벽과 외벽으로 나누어 제작해 지붕의 하중도 줄였다. 브루넬레스키의 혁신적인 설계 덕분에 지금도 수많은 관광객이 두오모 성당의 꼭대기에 올라갈 때 내벽과 외벽 사이의 공간에 놓인 계단을 이용할 수 있는 것이다. 모방은 창조의 어머니라는 말처럼 그는 로마 시대의 바닥 모양을 본떠 새로운 결과물을 만들어 낸 것이다.

브루넬레스키는 로마 시대에 사용했던 오피스 스피카툼에 대한 지식이 있었기에 발상의 전환이 가능했다. 바닥 장식의 무늬와 돔 사이의 어떠한 유사성도 없었지만, 그가 새로운 시도를 하면서 유사성이 생기게 된 것이다. 이처럼 창의적 사고는 기존의 아이디어를 새로운 곳에 적용하는 사고에서 출발한다. 새로운 아이디어를 찾거나 문제의 해결책을 구할 때 새로운 요인을 끌어들이지 않고 이미 존재하는 것들을 재결합하거나 재조합하여 해결안을 찾아낼 수 있다. 혹은 기존 재료를 이전과는 다른 방식으로 조합하거나 서로 연결하여 창의적 사고를 이끌어낸다.

폐쇄성의 원리는 '이미 존재하는 요인'들에서 그 해결책을 찾는 것이다. 이를 위해서는 기존의 재료나 사건에 대한 충분한 지식이 있어야 하며, 이를 이전과는 다른 방식으로 연결하는 상상력이 필요하다. 이미 존재하는 것들을 이전과는 다르게 연결하는 시도는 마치 관련성이 없어 보이는 두 개의 사물을 연결하는 것에서 비롯된다. 즉, '새로운 연결점 찾기'라고 볼 수 있다. 상황과 목적에 맞게 서로 무관해 보이는 정보나 지식을 연결하는 능력이 창의적 사고의 시작이 된다. 어느 한 분야의 성공한 아이디어를 빌려와서 그것과 전혀 무관한 분야에 적용해 보고, 그 결과를 새롭게 유추해 나갈 때 창의적 사고가 형성될 수 있다. 폐쇄성의 원리는 크게 증폭, 융합, 분할, 균형 상태의 파괴 등으로 나눌 수 있다.

증 폭

증폭은 기존 사물의 형태, 기능, 속성을 유지하되 그와 유사한 특성의 다른 구성 요소를 복제하거나 추가하는 방식이다. 기존 상태에서 다른 속성이나 기능을 추가하여 해당 대상이 지닌 속성이나 기능을 더 두드러지게 하는 효과를 낳는다. 우리 조상들은 예로부터 더위를 이기려고 한여름에 뜨거운 음식을 먹기도 했다. 더위를 뜨거운 기운으로 극복하는 이열치열以熱治熱 전략이다.

1796년 에드워드 제너는 천연두를 막으려고 우두를 만들어 사람에게 최초로 예방 접종을 실시했다. 바이러스의 독성을 약화시킨 후 우리 몸에 주입하면 그 속에 면역력이 생겨서 실제 바이러스가 침입했을 때 스스로 싸워낼 힘을 길러 주는 것이다. 이후 홍역, 풍진, 볼거리, 소아마비 등의 예방 접종이 계속 계발되었다.

철근 콘크리트의 탄생 원리도 생각해 보자. 콘크리트는 로마 시대 이전부터 사용된 건축 재료이다. 다만 콘크리트는 인장 강도가 낮다는 단점을 갖고 있다. 인장 강도를 보완하려고 콘크리트 안에 화산재 퇴적물을 넣거나 모르타르를 넣기 시작했다. 이후 19세기에 들어와서 철근을 넣은 콘크리트 건물이 나오게 되었다. 철근을 넣은 이유는 인장 강도를 보완하려는 것이 아닌 소조처럼 철근 뼈대에 콘크리트 덩어리는 덧붙인다는 개념이었다. 그러나 결과적으로 오늘날 건축 현상에서 가장 많이 사용되는 철근 콘크리트R/C, Reinforced Concrete가 탄생하게 된 것이다.

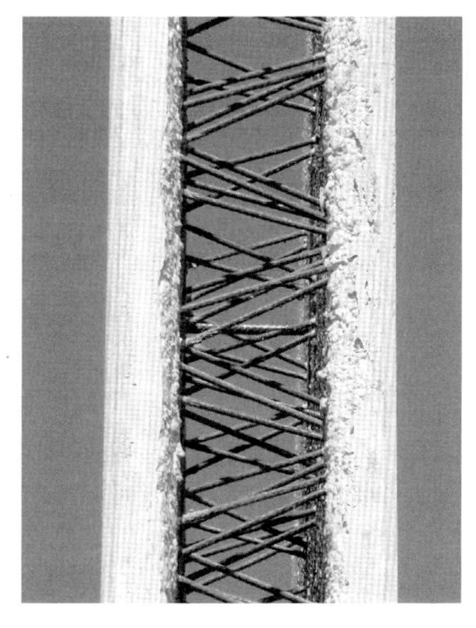

유전에서 화재가 발생하면 폭발이 일어나게 된다. 이때 피해를 줄이려면 유전 주변에 폭발물을 미리 설치해 두었다가 유전에 의한 폭발이 일어나면 그것을 터트려서 주변 산소를 모두 소비하도록 한다. 더 큰 폭발이 일어나기 전에 그 주변을 먼저 폭파시키는 것이다. 불을 진압할 때도 이와 유사한 방식을 활용한다. 산불을 진화하려고 '맞불'을 놓아서 불이 더 퍼지지 않게 하는 것이다.

일반 휘발유에서 옥탄가를 높여 '이상 폭발'이 일어나지 않도록 할 수 있다. 옥탄가가 높은 연료를 기준으로 엔진을 설계하면 압축

비가 높아도 노킹 현상폭발 현상이 나지 않고 높은 압축비로 연료가 완전 연소되어 엔진이 더 높은 출력과 효율을 낼 수 있다. 일반 휘발유의 기능을 하면서도 안정성을 더 높이는 역할을 한다. 이형 철근은 원형 철근에 마디와 리브를 추가하여 철근의 표면에 콘크리트의 부착을 좋게 한다. 이형 철근은 동등한 품질과 형상을 가진 원형 철근보다 부착 강도가 2배나 높아서 건축에 더 많이 활용된다. 포클레인도 헤드 부분을 교체하여 굴착, 집게 등의 용도로 다양하게 사용할 수 있는 경우도 증폭의 일종이다.

마이크에 소리를 내면 아날로그 형태인 음파는 마이크를 통해 아날로그 오디오 신호로 변환되는데, 이를 선형 증폭기라고 한다. 스피커에서 이 증폭된 소리는 원래 마이크로 들어간 것보다 더 음량이 커진 상태로 재생된다. 유전 주변의 폭발물 설치도 증폭의 원리로 설명이 가능하다. 그 외에도 책상이나 의자에 높낮이 조절 기능을 추가하여 신체에 맞추기도 하고, 공유기에 안테나를 늘리면서 증폭이 되어 인터넷을 더 빠르게 사용할 수 있게 한 것도 마찬가지다.

잠수복의 경우 초기 모델은 물의 저항을 줄여주는 기능에만 집중되었으나 최근 보온 효과, 자동 체온 감지 기능이 더해지면서 인간이 잠수하는 데 최적의 상태를 유지하도록 한다. 컴퓨터에 내장된 기본 입출력 장치는 저음질의 다양한 연결성을 제공하지 못했는데, 오디오 인터페이스를 연결하면서 소리의 다양성을 낼 수 있게 되었다. 최근 미술관 전시 중에는 트릭 아이를 사용하여 평면 회화를 입체적으로 감상할 수 있도록 한다. 그 원리는 빛의 굴절과 반사를 활용하여 2D를 3D로 볼 수 있다.

설탕에 소금을 조금 섞으면 단맛이 더 증가하는 것처럼 외부 자극으로 원래의 특성이나 기질이 더 강화될 수 있다. 입이 보이는 투명 마스크처럼 기존 상태에 새로운 기능을 추가하여 사용할 수 있는 것이다. 증폭의 예는 일상 속에서도 쉽게 찾을 수 있는데, 기술 진보로 생긴 새로운 발명품에서 많이 찾을 수 있다. 우리가 이미 알고 있는 사물 중에서도 증폭으로 설명 가능한 것이 있는지 더 살펴보자.

융 합

증폭은 대상물이 지닌 속성을 더 강화하는 방식이라면, 융합은 원래 용도, 기능, 형태 등을 확장하면서 이전과는 다르게 활용할 수 있는지에 초점을 맞추는 것이다. 융합은 구성 요소의 용도, 기능, 형태 등을 이전과는 다르게 사용하는 것이다. 새로운 기능이나 형태가 추가되면 이전 상태로 다시 돌아가기 어려운 경우가 많다.

휴대 전화는 이동 통신 서비스를 목적으로 개발된 무선 전화기이며, 개인이 쉽게 휴대할 수 있다. 그러나 현재 전화 통화와 무관한 각종 기능이 추가되면서 음악을 듣고, 전자책을 읽고, 범용 OS가 탑재되어 각종 애플리케이션을 설치하면서 스마트폰이 되었다. 스마트폰은 이제 휴대 전화의 기능을 뛰어넘어 매우 복합적인 역할을 하게 되었는데, 이것이 융합의 대표적인 사례가 될 수 있다.

팩션faction은 어원적으로 보면 역사적 사실fact과 작가의 상상력fiction의 결합이라고 할 수 있다. 기존의 역사 소설은 특정 시대의 인물과 사건을 재현하는 것을 목적으로 했다면, 팩션은 역사 소설에서 좀 더 나아가 비현실적 요소를 추가하거나 역사적 사실과 달리 새롭게 꾸며낸 이야기를 추가하는 것으로, 새로운 장르가 탄생한 셈이다. 이야기 속에 역사적 인물이 등장하지만, 다른 시대의 인물이 동시에 존재하기도 하고, 역사적 사실을 바꾸기도 하면서 역사 소설과는 구별된 새로운 이야기로 전개된다. 독자도 팩션 속의 이야기가 역사적 사실과는 다름을 인지하고 있어 다른 시대의 인물이 갑자기 등장하거나 서로 만날 수 없는 인물이 동시대 인물로 설정된 것을 이상하게 여기지 않는다. 독자는 오히려 팩션을 새로운 문학 장르로 여기며 작가의 상상력을 극대화할 수 있는 장르적 특성을 즐기게 된다.

공간 활용에서도 융합의 예시를 생각해볼 수 있다. 인천 국제공항을 떠올려 보면 공항의 기능에 호텔, 영화관, 식당, 전시장, 쇼핑몰 등의 다양한 기능이 추가되면서 이제는 문화 복합 시설이 되었다.

융합은 생활 속에서 다양한 사례를 찾아볼 수 있다. 수세미가 달린 고무장갑, 카메라가 달린 로봇 청소기, 책상과 의자 일체형 가구, 수납 공간이 있는 침대, 마스크와 마스크 걸이의 결합, 볼펜 머리에 볼펜 전용 지우개가 있어서 수정이 가능한 볼펜 등이 있다.

지하철 에스컬레이터 옆에 '피아노 계단'을 설치하여 이용자들이 계단을 오를 때마다 피아노 소리가 나도록 한다. 전기를 절약하려고 설치한 것인데, 사람들의 청각적 즐거움도 동시에 선사한다. 피아노 계단이라는 새로운 명칭이 생겼고, 일반적인

계단과는 구별되는 새로운 발명품으로 본다면 융합의 원리가 될 수 있다. 피아노 계단은 결국 계단의 일종이며 새로운 기능만 하나 추가된 것으로 본다면 증폭으로 설명할 수 있다.

얼음 정수기는 융합, 증폭의 예시로 설명할 수 있다. 정수기에 얼음 기능이 추가되어 새로운 발명품으로 본다면 융합의 예시가 될 수 있다. 얼음 정수기라는 이름에서 알 수 있듯이 '정수기'에 새로운 기능이 추가된 형태로 본다면 증폭이 될 수도 있다. 정수기가 처음 발명되었을 당시를 기준으로 보면 온수의 기능이 추가되고, 이후 얼음이 나오는 기능도 추가된 것이다. 얼음 정수기를 정수기의 한 형태로 볼 것인지, 독립된 새로운 형태의 가전 제품으로 간주할 것인지에 따라 다르게 설명할 수 있다.

숟가락포크, 혹은 포크숟가락도 마찬가지이다. 포크숟가락은 아직 표준국어대사전에 등재된 단어가 아니며, 개방형 오픈 사전인 우리말샘에 '숟가락포크'로 등재되어 있다. 혹자는 군대에서 포카락'포크+숟가락'의 결합으로 불렀다고 한다. 대상은 존재하지만, 그 대상을 가리키는 명칭이 사회적으로 합의되지 않았다. 어떤 대상을 이처럼 다양한 방식으로 설명할 수 있는데, 이럴 때는 언중이 원하는 방식으로 대상의 명칭을 개방형 사전에 등재할 수도 있다. 이 역시도 증폭 혹은 융합으로 설명될 수 있는 부분이다. 기본적인 형태가 숟가락이므로 포크의 기능을 추가한 것으로 설명한다면 증폭의 예시가 될 수 있으며, 숟가락의 한 종류가 아닌 새로운 개체로 본다면 융합의 예시가 될 수도 있다.

이와 유사한 예시로 트레드밀을 생각해 볼 수 있다. 트레드밀은 19세기 초에 영국 교도소에서 사용하던 것이다. 죄수들이 거대한 바퀴 위에 올라가서 계단을 오르듯 걸어가면서 발생하는 동력으로 물을 퍼내거나 곡물을 분쇄하는 용도로 사용되었다. 하지만 오늘날 트레드밀은 더이상 과거와 같은 용도로 사용되지 않는다. 의료용으로 사용되기도 하고 개인 운동용으로 사용되기도 한다. 트레드밀은 처음 발명된 의도와 상관없이 오늘날에는 매우 다양한 용도로 사용되고 있다. 융합을 기능, 형태의 변형만으로 설명하는 것이 아니라 발명 목적과 다른 용도로 사용될 때도 적용해볼 수 있다. 대상물의 용도가 달라졌다면 이것을 증폭으로 볼 것인지 융합으로 볼 것인지도 매우 논쟁적일 수 있다. 트레드밀의 용도가 과거와 완전히 달라졌기에 융합의 예시로 설명할 수도 있고, 기능 차원만 본다면 증폭의 예시로 설명할 수도 있기 때문이다.

1913년 헨리 포드는 도살장에 있는 모노레일을 보고 가죽과 여러 부품을 결합한 컨베이어 벨트를 만들었다. 이후 컨베이어 벨트는 자동차 공장에서 산업 혁명의 영향을 받아 대량 생산의 표준을 마련하는 데 크게 기여했다. 모노레일을 처음 발명한 용도와는 전혀 다르게 사용하고 있기에 융합의 예로 볼 수도 있다.

분 할

분할은 어떤 구조물을 여러 개의 개체로 나누고, 그 분할된 개체를 다시 다른 구조로 재구성하는 기법이다. 사고에서도 분할과 결합이 자유롭게 이루어지는 매우 유연한 사고 과정을 엿볼 수 있다.

스위스 모빌리아는 자신의 라이프 스타일에 따라 직접 원하는 형태의 모듈을 추가 부품으로 구매해 연장하거나 변형시켜 나만의 DIY 가구를 제작할 수 있도록 했다. DIY 가구 제작 회사가 생겨난 이유는 1인 가구가 늘어나며 셀프 인테리어의 수요가 많아지기 시작했기 때문이다. 이러한 이유로 합리적인 가격에 원하는 가구 인테리어를 선택할 수 있게 되었다.

최근 건축물을 설계할 때 이런 분할 기법이 많이 활용된다. 어떤 구조물을 여러 개의 개체로 분할한 다음, 그것을 다시 다른 방식으로 재구성하는 기법이다. 설계 도면을 보면 방과 방 사이에 슬라이딩 도어를 설치하거나 폴딩 도어를 넣어 공간을 자유롭게 이용할 수 있다. 그 결과 공간을 독립적이거나 개방적인 공간으로 사용자의 편리에 따라 분할하거나 재구성하기도 한다. 최근에는 상업 공간뿐만 아니라 개인용 주거 공간도 이런 형태로 설계한다.

정육점에서 도축된 소를 뼈와 근육을 기준으로 안심, 등심, 채끝, 목심 등으로 분할한다. 정유 산업에서도 이러한 분할이 적용된다. 정제하지 않은 원유에서 끓는점의 차이로 휘발유, 등유, 경유, 아스팔트 등으로 나눠서 석유 제품을 추출한다. 이것도 분할의 일종이라고 할 수 있다. 드럼 세탁기에 빨래와 건조 기능이 모두 있지만 위생상의 이유로 세탁기와 건조기를 분리했다. 그 외에도 헤드셋을 마이크와 이어폰으로 분리한 것도 그 예로 볼 수 있다. 노트북 화면과 키보드를 분리하여 사용하면서 태블릿이 나오게 되었다. 휴대성을 높이려고 이온 음료를 분말 형태로 만들어 언제 어디서든 손쉽게 물과 섞어서 음료로 마실 수 있다. 그 외에도 무선 이어폰, 팬이 없는 선풍기, 씨 없는 수박 등도 분할의 예로 설명할 수 있다.

진열 냉장고는 일반 냉장고에 여닫는 문을 없앤 냉장고이다. 문을 열고 내부에 진열품들을 꺼내야 하는 일반 냉장고와 다르게 고객이 더 쉽게 진열 냉장고 속의 식재료나 제품을 편리하게 고를 수 있다. 고객은 시원하고 신선한 음식을 선호하기에 냉기를 내뿜는 시원한 진열 냉장고는 인기가 높다. 문을 없애서 고객이 쉽게 진열품을 꺼낼 수 있어서 사업장의 매출도 상승된다.

우리가 흔히 PPL이라고 하여 영화나 드라마 속 전개와 상관없이 특정 상품이 자주 등장하는 장면을 본다. 아주 짧은 시간에 광고의 효과를 동시에 누리는 것이다. 드라마와 드라마 사이의 광고는 분할의 예시로 설명할 수 있으며, 드라마 속에 광고 제품이 등장하는 것은 융합으로 볼 수도 있다. 포털 검색 엔진이나 동영상 콘텐츠가 어린이용, 학습용, 음악, 영화 등으로 나눠서 앱을 출시하기도 한다. 이것도 일종의 분할로 볼 수 있으며, 참고서에 문제와 답지를 나눠서 제작하여 사용자가 분리할 수 있도록 하는 것도 마찬가지이다. 스피커 풀레인지1웨이는 소리를 가르지 않고 하나의 유닛으로 재생하는데, 2웨이, 3웨이로 소리를 고, 중, 저로 나누어 출력한다. 소리를 동시에 출력하는 것보다 소리의 왜곡이 적게 일어나서 사용자가 음악을 더 나은 음질로 감상할 수 있도록 한다.

균형 상태의 파괴

일반 자동차는 바퀴 4개가 모두 동일한 모양과 크기로 구성되지만, 농기계로 사용되는 트랙터는 뒷바퀴 2개가 앞바퀴보다 크게 설계되었다. 농토는 아스팔트와 달라서 미끄러지기 쉽고 표면이 고르지 않다. 트랙터의 바퀴가 헛돌 수 있기에 뒷바퀴가 크고 무거워야 한다. 바퀴가 클수록 지면과의 접촉 면적이 넓어져 트랙터가 구멍이나 땅에 잘 빠지지 않는다. 균형 상태의 파괴는 이처럼 구성 요소의 크기나 모양을 동일하게 하지 않고 의도적으로 변형하는 방식이다.

대상물의 구성 요소를 서로 다르게 만들 수도 있지만, 대상물의 용도를 이전과는 전혀 다르게 사용하는 것도 균형 상태의 파괴가 될 수 있다. 기존의 통념을 깨거나 동일한 사태를 다른 시각으로 해석하거나 기존 사건의 순서를 의도적으로 바꿔 본다면 이것도 일종의 균형 상태의 파괴일 수 있다.

로마 건축을 대표하는 판테온은 돔 구조에서 가장 오래된 것으로, 키스톤을 돔 꼭대기에 올려 천장을 완성해야 한다는 고정 관념에서 벗어나 원형 주변에 단단한 돌로 힘을 분산시켜 아치 구조를 완성하여 키스톤이 없는 돔을 완성했다. 천장이 뚫리면 무너질 것이라는 당시 사람들의 생각과 달리 콘크리트라는 재료와 과학적 원리를 잘 결합하여 새로운 구조물을 탄생시켰다. 판테온 설계는 기존의 지붕과는 달리 지붕에 틈을 주어 햇빛이나 비 등이 그대로 들어오도록 한 것이다. 지붕을 이전과는 다른 방식으로 활용했으며, 건

축물과 자연 현상이 쉽게 어우러지도록 했다는 평가를 받는다. 이러한 이유로 로마의 판테온은 기술력뿐만 아니라 구조물의 미적 가치까지도 오늘날 최고로 인정받고 있다.

그 외에도 편견이나 고정 관념에서 벗어나 기존 사물의 구조나 형태, 기능까지도 바꿔 놓은 사례가 많이 있다. 날개 없는 선풍기가 인기를 끌었다. 팬을 빨리 돌려 시원한 바람을 만들어낼 수 있다는 상식을 기술력으로 바꾸어 버렸다. 제트 엔진의 원리에 착안하여 흡입한 공기를 압축시켰다가 내뿜는 방식으로 공기의 흐름을 돌리는 원리를 활용했다.

곡선 모니터도 이와 유사한 경우이다. 모니터 모양이 직선으로만 되었던 과거에서 벗어나 곡선 모니터가 발명되었다. 시청자가 시야를 고르게 확보하면서도 입체감과 몰입감을 동시에 느낄 수 있다. 눈의 피로도 줄어들어 컴퓨터 모니터로도 활용된다. 인체 공학적 키보드의 등장이나 손잡이 모양의 마우스가 등장한 것도 비슷한 원리이며, 해당 예시는 모두 균형 상태의 파괴가 될 수 있다.

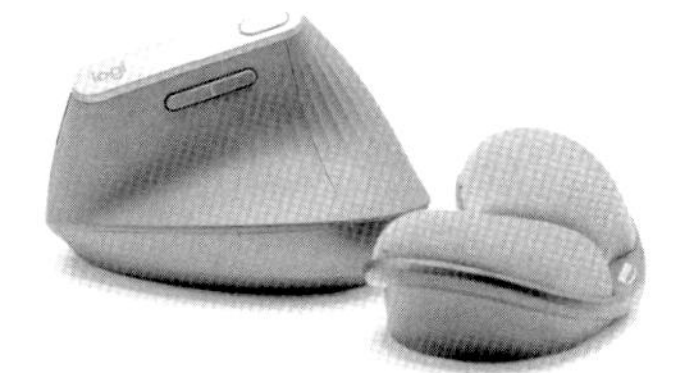

예전 USB는 한 방향만으

로 꽂아 사용해야 했는데, USB-C 타입이 생기면서 방향과 상관없이 자유롭게 사용할 수 있게 되었다. 휴대폰 카메라도 성능을 극대화하려고 휴대폰 뒷면에 카메라가 돌출되어 있다. 옷걸이의 한쪽 부분이 개방되어 바지를 걸 수 있게 했고, 젓가락의 굵기가 일정했으나 한쪽 면을 얇게 만들어 아주 작은 물건도 집어 올릴 수 있도록 했다. 건축물을 설계할 때 층과 층을 사선으로 연결하여 층을 분리하는 경계를 없앤 것도 여기에 해당한다.

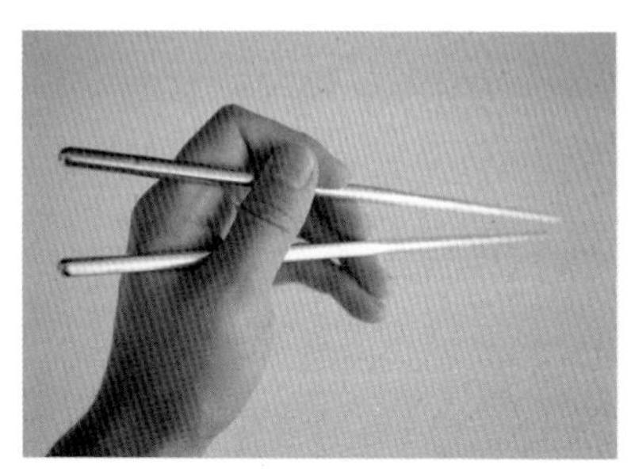

새로운 예술 사조의 탄생도 일종의 파괴이다. 신흥 예술가는 당대 유행하는 예술 양식이나 대중의 기호를 거부하고 자신만의 화풍을 구축해 나간다. 왕이나 귀족 계층만을 화폭에 담아야 했던 시대에 평범한 사람들을 주인공으로 그림을 그리거나 눈에 보이지 않는 것은 더이상 그리지 않겠다며 종교화에 천사를 그려 넣기를 거부하기도 했다. 어떤 화가는 모두가 파리의 새로운 화풍을 추종할 때 홀로 자신의 고향을 화폭에 담아 이국적이라는 평가를 받으며 인기를 얻기도 했다. 인물이나 실내 정물만을 그렸던 화가들이 도시 풍경에 관심을 두고 거리를 그리기 시작했다. 당대 미술전에서 입상하지 못한 작품들만 모아서 무명미술가협회를 만들어 보수적인 화단에 새로운 바람을 불러일으키기도 했다. 이런 방식도 균형 상태의 파괴로 해석될 수 있다.

바지에 구멍을 내거나 바지를 찢어서 입기도 하고, 자신의 개성을 드러내려고 알 없는 안경을 쓰기도 한다. 처음에는 물건을 그 용도에 맞게 사용하지 않는다고 비난받았을지 모르지만, 지금은 이를 아무도 이상하게 여기지 않는다. 그저 자신을 표현하는 방법으로 자연스럽게 받아들여졌다. 단정한 옷차림이 표준이 되었던 시대에는 찢어진 바지로 균형 상태의 파괴를 설명할 수 있다. 시력 교정을 하려고 안경을 썼던 시대에는 알 없는 패션 안경이 새로운 도전이 될 수도 있다. 그 외에도 비대칭으로 디자인한 옷이나 오른쪽, 왼쪽 색깔을 달리한 운동화, 나무나 돌로 만든 반지 등의 예도 생각해 보자.

융합, 증폭, 분할, 균형 상태의 파괴 등의 기법은 정답이 있는 것이 아니다. 동일한 대상이나 현상에 대해서 어떤 측면을 강조하여 설명하느냐에 따라 그 설명 방식이 달라진다. 폐쇄성의 원리를 적용해서 사물을 분석할 때는 하나의 틀로만 접근하는 태도는 지양해야 한다. 어떤 기준으로 대상을 바라보느냐에 따라 다양한 해석이 가능하며, 어떻게 분석할 것인가를 충분히 고민해 보고, 분석 과정을 중요하게 다룰 필요가 있다. 창의적 사고는 모방에서 출발하지만, 그 과정에는 '맞다, 틀리다'라는 기준에서 과감히 벗어날 수 있는 연습이 필요하다. 자신이 좋아하는 분야, 전공 분야가 있다면 '폐쇄성의 원리'를 적용할 수 있는 예시를 찾아보자.

창의적 사고 발견하기 활동 1

다음 글을 읽고 저자의 사고 과정을 정리해 보자.

차마설借馬說

이 곡

내가 집이 가난해서 말이 없으므로 혹 빌려서 타는데, 여위고 둔하여 걸음이 느린 말이면, 비록 급한 일이 있어도 감히 채찍질을 가하지 못하고 조심조심하여 곧 넘어질 것 같이 여기다가, 개울이나 구렁을 만나면 내려서 걸어가므로 후회했으나, 발이 높고 귀가 날카로운 준마로서 잘 달리는

말에 올라타면, 의기양양하게 마음대로 채찍질하여 고삐를 놓으면 언덕과 골짜기가 평지처럼 보이니 심히 장쾌했다. 그러나 어떤 때에는 위태로워서 떨어지는 근심을 면치 못했다.

아! 사람의 마음이 옮겨지고 바뀌어지는 것이 이와 같을까? 남의 물건을 빌려서 하루아침 소용에 대비하는 것도 이와 같거든, 하물며 참으로 자기가 가지고 있는 것이랴.

그러나 사람이 가지고 있는 것이 어느 것이나 빌리지 아니한 것이 없다. 임금은 백성으로부터 힘을 빌려서 높고 부귀한 자리를 가졌고, 신하는 임금으로부터 권세를 빌려 은총과 귀함을 누리며, 아들은 아비로부터, 지어미는 남편으로부터, 비복婢僕은 상전으로부터 힘과 권세를 빌려서 가지고 있다.

그 빌린 바가 또한 깊고 많아서 대개는 자기 소유로 하고 끝내 반성할 줄 모르고 있으니 어찌 미혹迷惑한 일이 아니겠는가?

그러다가도 혹 잠깐 사이에 그 빌린 것이 도로 돌아가게 되면 만방萬邦의 위에 있던 임금도 짝 잃은 지아비가 되고, 백승百乘을 가졌던 집도 외로운 신하가 되니 하물며 그보다 더 미약한 자야 말할 것이 있겠는가?

맹자가 일컫기를 "남의 것을 오랫동안 빌려 쓰고 있으면서 돌려주지 아니하면 어찌 그것이 자기의 소유가 아닌 줄 알겠는가?"라고 했다. 내가 여기에도 느낀 바가 있어서 차마설을 지어 그 뜻을 넓히노라.

❶ 저자가 자신의 경험을 통해 말하고자 하는 바를 써 보자.

❷ 저자가 깨달음을 얻는 과정을 유사성의 원리에 적용하여 설명해 보자.

❸ 저자의 경험과 유사한 사례가 있는지 생각해 보고 해당 예시를 소개해 보자.

창의적 사고 발견하기 활동 2

다음 사례를 보고 폐쇄성의 원리를 설명해 보자.

Ⓐ 카고 팬츠는 바지의 앞뒤에 주머니가 4개 이상 달린 옷으로, 1938년 영국 육군이 부피가 큰 붕대나 지도 등을 보관하려고 고안한 것이다. 군인의 전유물이었으나 오늘날 남녀 모두가 카고 팬츠를 일상복으로 입게 되었다.

Ⓑ 스마트폰: 휴대폰은 손에 들거나 몸에 지니고 다니면서 걸고 받을 수 있는 소형 무선 전화기였으나 오늘날 휴대 전화에 여러 가지 컴퓨터 기능이 추가되어 지능형 단말기, 스마트폰이 되었다.

Ⓒ 스마트팜Smart farm: 정보 통신 기술ICT을 활용하여 원격 및 자동으로 '시간과 공간의 제약 없이' 작품의 생육 환경을 관측하고 최적의 상태로 관리하는 과학 기술을 기반한 농업 방식이다. 최적화된 생육 환경을 제공해 수확 시기와 수확량을 예

측할 뿐만 아니라 품질과 생산량을 한층 더 높일 수 있다.

D 미디어 파사드Media facade: 건축물 외면의 중심을 가리키는 '파사드'와 '미디어'의 합성어로 건물 외벽에 LED 조명을 설치해 미디어 기능을 한다. 도시 건축물을 시각적으로 아름답게 할 뿐만 아니라 정보를 전달하는 매개물로 사용된다. 조명, 영상, 정보 기술IT을 결합한 21세기 건축의 새로운 트렌드이다. 우리나라에서는 2004년 서울의 한 백화점 명품관에 설치된 것이 처음이다.

❶ 각 사례는 폐쇄성의 원리 중 어떤 것으로 설명할 수 있는가? 그 이유는 무엇인가?

❷ 우리 주변에서 폐쇄성의 원리를 적용할 수 있는 사례를 찾아보고 그 이유를 설명해 보자.

창의적 사고와
문제 해결

PART 3
창의적 사고 연습하기

생각하는 갈대

나의 가치는 공간적 차원이 아니라
생각을 조절하는 데서 찾아야 한다

내가 더 많은 땅을 소유한다고 해서
더 많은 공간을 차지하는 것은 아닐 것이다

우주가 공간으로 나를 포함하면
나는 하나의 점처럼 삼켜진다
반면 나는 생각으로
우주를 포함한다

– 파스칼 『팡세』 중에서 –

브레인스토밍

오스본Osborn은 “아이디어의 개수가 많을수록 질적으로 우수한 아이디어도 많다.”라고 주장했다. 아이디어의 양이 반드시 질적으로 우수한 결과물을 담보하지 않지만, 여러 사람의 아이디어가 쌓일수록 좋은 결과를 얻을 가능성은 커질 수 있다. 집단의 구성원들이 자발적으로 참여해 다양한 아이디어를 제시하여 특정한 문제를 해결하는 것이 브레인스토밍이다.

브레인스토밍은 창의적인 아이디어를 생산하는 학습 도구이면서 아이디어 회의 방법이다. 이 방법을 통해 집단 차원에서 창의적 사고를 연습하거나 어떤 문제의 해결책을 다각도로 검토할 수 있다. 이것은 아이디어의 질보다는 그 양에 초점을 맞추는 것이 특징이다.

참여자는 다른 참여자의 의견이나 관점에 대해 비판이나 비난을 최소화해야 하고 서로 개방적인 자세로 여러 의견을 경청해야 한다. 협조적인 태도로 여러 의견을 조합하거나 수정하는 데 참여하여 그 결과를 일정한 방향으로 정리할 때는 마인드맵을 활용하면 된다. 마인드맵은 글의 목차나 흐름도와 같은 것으로 일정한 방향이 정해진 것을 나열할 때 사용하는 것이다.

마인드맵은 생각 그물이라는 용어로 학교에서 자주 사용되며, 최근에는 마인드맵을 그리는 프로그램이 매우 다양하게 등장했다. 앱을 사용하여 도형과 도형을 연결하거나 도식화하는 방법이 많이 사용된다. 브레인스토밍한 결과를 마인드맵으로 시각화하여 정리하면 집단 구성원들 간의 공유가 쉽고 내용을 이해하기 더욱 편리하다.

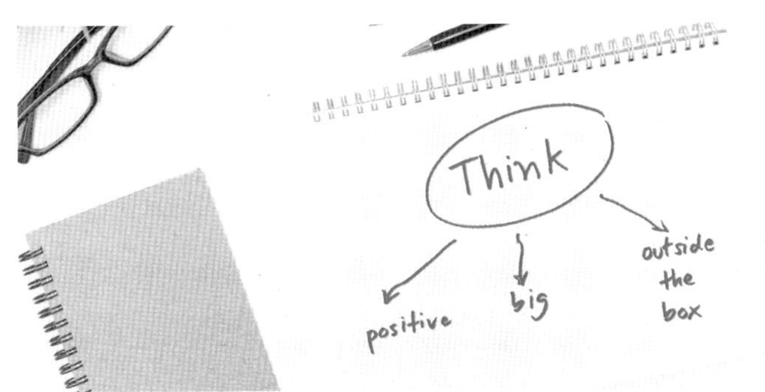

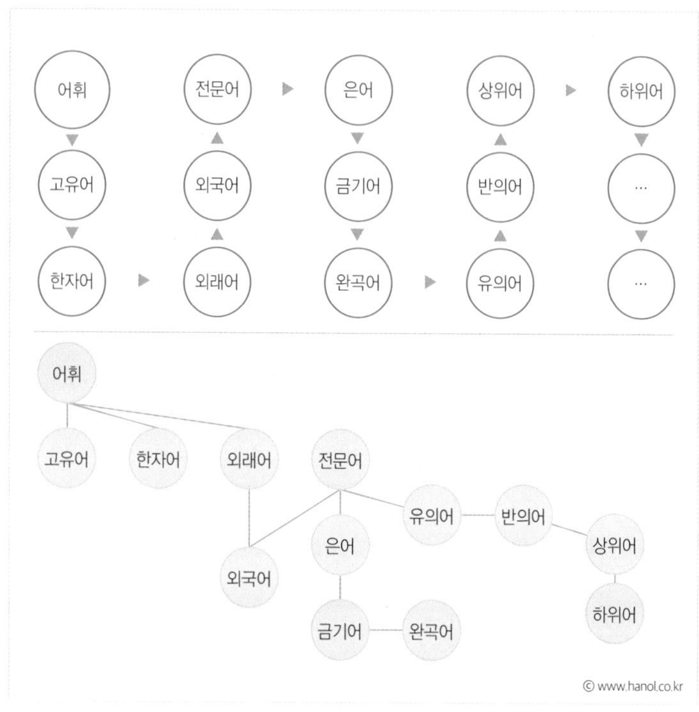

위 그림은 브레인스토밍하여 떠올린 다양한 아이디어를 마인드맵으로 다시 정리한 것이다. 첫 번째는 어휘와 관련된 단어를 학생들에게 떠올리도록 하고 자유롭게 적어보도록 했다. 학생들은 어휘, 고유어, 한자어, 외래어, 전문어, 은어, 금기어, 완곡어 등을 떠올렸고, 이것을 다시 마인드맵으로 만들기 위해 각 단어를 묶을 수 있는 상위 개념을 다시 생각하게 되었다. 두 번째 그림은 어휘의 어종에 따라 고유어, 한자어, 외래어로 나누고, 어휘의 성격에 따라 전문어, 은어, 금기어, 완곡어 등으로 나누었다. 그리고 어휘의 관계에 따라

유의어, 반의어, 상위어, 하위어 등으로 묶어서 정리한 것이다. 브레인스토밍은 머릿속에 떠오르는 단어를 순차적으로 적는 것이고, 마인드맵은 단어의 종류, 성격, 특성에 따라서 재분류하는 과정을 거치는 것이다.

브레인스토밍을 할 때는 ❶ 비판 금지 ❷ 자발적인 분위기 조성 ❸ 많은 아이디어 양산 ❹ 아이디어 간의 조합 등의 원칙으로 진행하는 것이 좋다. 브레인스토밍은 어떤 주제라도 진행할 수 있는 장점이 있고, 다량의 아이디어가 쌓이면서 개인이 혼자서는 미처 알지 못하거나 깨닫지 못하는 것을 얻기도 한다. 표현의 자유를 최대한 누리면서 유동적으로 시간을 조정할 수 있는 것이 장점이다.

그러나 지나치게 자유로운 분위기만을 강조한다면 참여자의 집중력이 흐트러질 수도 있으니 참여자 중 다른 누군가는 옆에서 지켜보기만 하며 의견을 내지 않기도 한다. 무임승차를 줄이고 효율적인 활동이 되도록 시간 제한을 반드시 두어야 한다. 브레인스토밍은 참여자에게 시간을 넉넉하게 보장해 줄 필요는 있지만, 참여자의 의지가 부족하거나 목표가 불확실한 경우 오히려 시간을 낭비할 우려가 있다.

체크리스트 기법

체크리스트 기법은 도서관이나 정보 센터에서 수집하고 관리하는 정보 자원을 평가할 때 사용하는 방법으로, 도서관에서 적합한 장서를 잘 보유하고 있는지를 미리 필수 목록으로 만들고, 해당 부분만 표시하는 것에서 나왔다. 장서 정보의 품질을 평가하는 정성적 평가 방법이지만, 오늘날에는 아이디어를 개발하고 개선하는 데 활용된다. 새로운 아이디어를 개발할 때 좋은 아이디어의 기준을 체크리스트(혹은 질문 항목)로 먼저 만들고, 회의에서 새롭게 나온 아이디어를 그 기준에 적용해 보는 방식이다.

아이디어를 평가할 때도 사용되지만, 아이디어를 수정할 때도 사용된다. 예를 들어 신제품을 개발하는 회의에서 구성원들이 합의하여 대표 디자인을 도출하면 그것을 두고 '크기를 줄이면 어떨까, 재질을 바꾸면 제품의 매력도는 어떻게 될까, 추가할 기능은 없을까, 현재 사용하는 기능을 없애면 어떻게 될까?' 등 다양한 질문을 해보고, 처음 도출된 디자인을 계속 변화시켜 가는 방식이다. 본격적으로 회의를 진행하기에 앞서 체크리스트(질문 항목)을 미리 준비해 두어야 한다. 이 질문 항목이 품질을 평가하는 기준이 되기도 하고, 아이디어를 확장하거나 수정하는 방향을 제시하기도 한다.

체크리스트 기법은 핵심 자료나 아이디어를 변형하거나 개선할 수 있는 기준이 되어야 하는데, 이 조건을 충족할 수 있는 질문을 준비하기가 어렵다. 체크리스트로 사용할 질문 항목을 잘 마련한다면 '날것'의 아이디어를 아주 세련되게 수정할 수 있다.

집단 사고를 촉진하려면 자유로운 분위기에서 다양한 아이디어를 양산하는 것도 중요하지만, 도출한 아이디어를 일정한 기준에 맞게 가공해 가는 것도 중요하다. 생성된 아이디어를 구체화하거나 세분화할 때 유용한 방법이기 때문이다. 또 체크리스트를 미리 마련해 둔다면 아이디어를 생성할 때 반드시 지켜야 할 중요 사항을 빠뜨리는 실수를 방지할 수 있다.

체크리스트 기법을 적용하려면 사전 준비를 많이 해야 한다. 이미 만들어둔 질문 항목을 새로운 아이디어에 그대로 적용할 수 있는지를 결정해야 한다. 체크리스트 기법을 적용할 때는 사전 조사가 반드시 필요하다. 현재 우리가 진행하는 것과 유사한 상황들이 있는지를 검토하고 다양한 사례에 적용했던 질문 항목을 찾아보아야 한다. 만약 선례가 없다면 새롭게 체크리스트를 구성해야 한다. 또 질문 항목을 미리 준비했다고 할지라도 예상치 못한 아이디어가 나왔을 때 이전과 동일하게 질문 항목을 적용할지를 숙고해야 한다. 창의적 사고 활동에 등장하는 수많은 변수를 다 예측하기 어렵고, 각 상황에 적절하게 대비하지 못한다면 체크리스트 기법을 사용하는 데 한계가 있다.

순서	항목	내용
1	전용	A의 사용처가 어디인가? 다른 곳은 없는가?
2	차용	A는 어디에서 가져왔는가? A를 다른 곳에서도 사용하고 있는가?
3	변경	A를 다른 용도로 사용할 수 있는가? 혹은 다른 모양으로 바꿀 수 있는가? 다른 재료로 바꿀 수 있나?
4	확대	A에 새로운 기능을 추가할 수 있는가? A에 새로운 형태나 모양을 추가할 수 있는가?
5	축소	A의 모양, 크기, 기능을 축소할 수 있는가? 혹은 A의 기능을 제한할 수 있는가?
6	대용	A를 다른 용도로 사용할 수 있는가? A를 다른 형태나 재질로 사용할 수 있는가?
7	대체	A를 대신할 수 있는 B, 또는 C 등이 있는가?
8	역전	A의 기능과 모양을 서로 다르게 전환할 수 있는가? A의 색깔과 재질을 반대로 바꿀 수 있는가?
9	결합	A를 새로운 기능이나 모양과 결합할 수 있는가? A와 B를 결합할 수 있는가? 혹은 A와 C를 결합할 수 있는가? 전자와 후자는 어떤 차이가 있는가?

그 외에도 위치를 바꾸거나 가라앉히거나 두껍게 하거나 펼치거나 뽑아내거나 회전시키는 등 다양한 변형이 가능하다. 한 가지 아이디어를 체크리스트의 항목에 차례로 적용해 보면 그 아이디어의 양은 엄청나게 늘어나고, 각 아이디어를 이전보다 더 구체화할 수

있다. 앞 장에서 다루었던 유사성의 원리, 폐쇄성의 원리로 도출된 아이디어를 체크리스트에 적용해 보면 기존의 아아디어를 훨씬 더 풍성하게 확장하거나 세분화할 수 있다.

기존 제품을 개선하는 데 구체적인 방향이 아직 정해지지 않았다면 여기의 항목을 차례로 적용해 볼 수 있다. 질문의 답을 표로 만들어 정리해 본다면 아이디어가 더 많아지고, 그것을 각 성격에 따라 재분류하면 또 다른 아이디어 목록을 형성할 수 있다. 아이디어 생성뿐만 아니라 어떤 사태나 사건을 재구성할 때도 사용할 수 있고, 영화 속 한 장면이나 역사적 사건을 구체적으로 기술할 때도 이 방법을 사용할 수 있다. 사건을 기술할 때는 아래와 같이 육하원칙으로 질문 항목을 만들 수 있다.

- 그 일을 언제 시작했나?
- 그 일은 어디서 시작되었나? 어디서 수정되거나 변경되었나?
- 그 일은 누구와 관련되어 있나? 누가 그 일에 대해 가장 잘 알고 있나?
- 그 일이 어떤 결과(무엇)를 가져다 주었나? 그것과 연결된 일에는 또 무엇이 더 있나?
- 그 일이 왜 여기에 연결되었나? 왜 이런 결과를 가져다 주었나? 그 일이 왜 잘못되었나?
- 그 일이 그들과 어떻게 관련되었나? 그 일이 어떻게 진행되었나? 그 일이 진행된 이후 어떻게 바뀌었나?

체크리스트 기법과 브레인스토밍은 아이디어를 다양하게 창출한다는 점에서 매우 유사하지만, 체크리스트 기법은 도출된 아이디어를 일정한 기준으로 다시 변형하거나 개선한다는 점에서 다르다. 또한 체크리스트 기법은 기존 아이디어를 평가하는 기준이 되기도 한다. 조직 차원이 아닌 개인 업무나 활동을 할 때도 자신이 희망하는 요건에 얼마나 충족하는지를 평가하는 도구로도 사용되고, 일을 진행할 때 실행 여부를 확인하는 점검표 역할도 한다.

순 서	주요 항목		내 용
1	환경 분석	산업 확대	
		서비스 복잡화	
		상품 복잡화	
		수익 구조 다각화	
		글로벌 경쟁	
2	A 전략	확대	
		강화	
		감소	
		제거	
3	가치 곡선	상대적 수준	
		경쟁 요소	

규모가 큰 국가 사업이나 대단위 실험을 진행할 때는 영향 평가를 반드시 시행해야 하는데, 이때 일어날 사태에 대한 위험성을 평가할 때도 체크리스트 기법을 사용한다. 장비를 점검하거나 설비의 오류, 결함 상태, 위험 상황의 정도를 질문 항목으로 만들어 사업장 내에서 발생할 수 있는 위험성을 측정하는 도구로 사용한다.

형태적 분석법

형태적 분석법Morphological Analysis은 특정 대상물의 구성 요소를 파악하여 그 요소의 가능성을 모두 정렬하는 방식으로, 아이디어를 분석적으로 연상해 나가는 것이다. 구성 요소가 몇 가지 종류로 구성되어 있는지를 먼저 생각하고, 그것으로 할 수 있는 모든 조합을 만든다. 이 방법은 기계공학 분야에서 사물을 그 구성 요소로 자세하게 분해하여 차트를 만드는 방법과 같다. 메트릭스 분석이나 형태 상자 분석으로 불리기도 한다. 1951년 츠위키 교수가 제안한 것으로, 제품 디자인, 기술 혁신, 시장 조사 등에서도 사용되며 언어학에서 종종 활용된다. 예를 들어 명사 3개(사과, 배, 포도)와 동사 2개(먹다, 심다)가 있다면 이것으로 가능한 모든 조합을 해보는 방식이다. 명사 3개와 동사 2개를

조합해 보면 문장 6개를 만들 수 있다.

동사 \ 명사	사 과	배	포 도
먹다	❶	❷	❸
심다	❹	❺	❻

❶ 사과를 먹다. ❷ 배를 먹다.
❸ 포도를 먹다. ❹ 사과를 심다.
❺ 배를 심다. ❻ 포도를 심다.

이처럼 형태적 분석법은 대상물의 구성 요소로 가능한 조합을 다 시도하고 그 결과물을 평가하는 방식으로 신제품이나 신기술 개발, 제품의 개량에 많이 활용된다. 만약 디자인 팀에서 새로운 컵을 만들고자 한다면 컵의 구성 요소인 모양, 크기, 재료 등을 파악하고 각각의 조합을 모두 고려할 것이다. '모양(4)*크기(4)*재료(4)'로 모두 64개의 컵 디자인이 가능하다.

요 소	예 시			
컵 모양	원형	타원형	사각형	삼각형
컵 크기	8	10	12	14
컵 재료	도자기	플라스틱	나무	알루미늄

① 원형*8*도자기, ② 원형*8*플라스틱, ③ 원형*8*나무, ④ 원형*8*알루미늄 ⑤ 원형*10*도자기, ⑥ 원형*10*플라스틱, ⑦ 원형*10*나무, ⑧ 원형*10*알루미늄 ⑨ 원형*12*도자기, ⑩ 원형*12*플라스틱, ⑪ 원형*12*나무, ⑫ 원형*12*알루미늄 ⑬ 원형*14*도자기, ⑭원형*14*플라스틱, ⑮ 원형*14*나무, 원형*14*알루미늄이하 생략

만약 컵 디자인을 완성하는 데 시간과 비용이 충분하다면 디자이너는 64개의 조합을 차례로 만들어보고 그에 대한 시장의 반응을 살펴볼 수 있다. 그리고 소비자가 선호하는 디자인을 찾는 데 성공할 수 있을 것이다. 이처럼 형태적 분석법은 문제를 정확하게 정의하고, 관련된 모든 요소를 나열하고 결합하여 가능한 아이디어를 최대한 많이 찾아낸다는 장점이 있다. 그러나 현실적으로 앞선 예시처럼 64개의 디자인을 모두 제작하고, 그에 대한 소비자의 반응을 모두 살피기는 불가능하다. 대부분의 디자인 개발이나 신제품은 시간적, 비용적 요인을 고려하여 형태적 분석법을 활용하되, 대표적인 디자인을 몇 개 추출하여 이에 대한 반응을 살피면서 디자인을 수정해 나가는 방식으로 운영된다.

아이디어 무한 창출법

아이디어 무한 창출법은 만족스러운 아이디어가 나올 때까지 조직 차원에서 지속적으로 아이디어를 창출하는 것으로, 핵심 집단을 구성하여 최종 아이디어가 도출되기 전까지 계속 의견을 모으도록 한다. 앞서 배웠던 브레인스토밍, 체크리스트 기법, 형태적 분석법과는 집단 차원으로 아이디어를 다량으로 생산한다는 점에서 공통점이 있지만, 아이디어 무한 창출법은 의사 결정자가 의견을 밝히기 전까지 미리 선발한 핵심 집단이 최종 아이디어가 도출될 때까지 익명으로 활동을 한다는 점에서 그 차이가 있다.

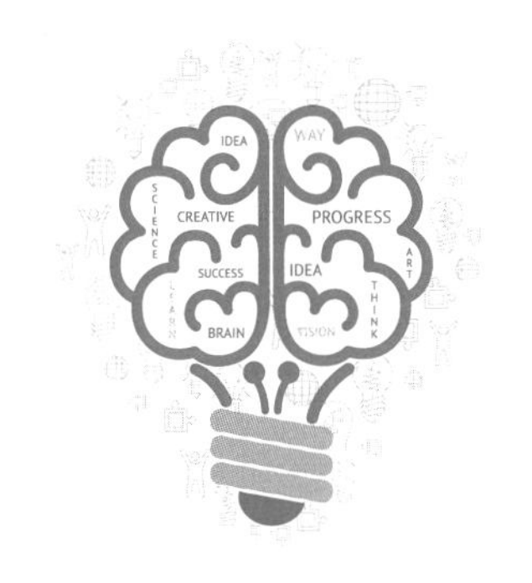

개인이 집단으로 일하면서 여러 조직 차원에서 관련 아이디어를

요청하며, 참여자는 반드시 익명으로 아이디어를 제출한다. 만족스러운 결과가 나올 때까지 반복적으로 진행되며, 조직 차원으로 아이디어 창출을 훈련할 때 많이 사용된다. 아이디어 무한 창출법은 개인보다는 조직이 훨씬 더 창의적일 수 있다는 것과 인간의 경험이 문서화될 때 훨씬 효과적이라는 가정에서 출발한다.

영국의 철학자이자 물리학자인 마이클 폴라니Michael Polanyi는 객관적이고 명시적인 언어로 표현되는 지식만이 전부가 아니며, 도표나 수치로 나타낼 수 없는 지식의 유형도 있다고 주장하며 암묵지와 형식지로 구분했다. 암묵지는 학습과 경험을 통해서 습득된 것으로 경험적 지식을 말한다. 언어나 문서로 표현하기는 어렵지만, 일정 범위 내에서 통용되는 지식이 있다. 형식지는 언어나 문자로 반드시 표현된 지식으로, 자전거의 바퀴 모양과 패달의 움직임 등을 글로 읽는 것에 해당한다. 우리가 학교에서 배웠던 수학 공식이나 자연 과학의 법칙도 모두 형식지에 해당한다.

암묵지와 형식지가 서로 연관을 맺으면 인간의 지식은 발전해 나간다. 예를 들어 자전거를 타는 방법을 글로 읽고 머릿속으로 이해한다고 해서 바로 자전거를 탈 수는 없다. 자전거를 글로 이해하지 않더라도 친구들과 밖에서 자전거를 타면서 자연스럽게 자전거 타기를 배울 수 있다. 이렇게 한번 습득하면 이후로 오래도록 기억에 남아 쉽게 사라지지도 않는다. 형식지가 암묵지보다 더 우위에 있는 것은 아니다. 비행기 발명에 공헌한 인물 중 랭글리Samuel Pierpont Langley, 1834-1906 박사가 있다. 그는 영국 천체 물리학자로서 최초로 무인 비행에 성공했다.

당시는 하늘의 공기 흐름이 어떻게 변화하는지 본격적으로 연구되지 않았기에 공기 역학을 머릿속으로 익히는 것은 어려웠다. 랭글리 박사는 이론을 먼저 세우고 실험하는 편인데, 그는 조수를 시켜서 각종 실험 작업을 진행했다. 17년간 꾸준히 실험했지만 결국 인간 비행에는 실패했다. 라이트 형제는 직접 눈으로 보고 몸소 체험해야만 하는 사람이었다. 들판에서 비행을 1,000번 넘게 실험한 끝에 공기 역학을 익혔고, 실패를 수없이 거듭하면서 지속적으로 동체를 수정하여 인간 비행에 성공했다. 아이디어 창출은 책상 앞보다는 현장에서 직접 체험할 때 잘 나타나며, 개인보다는 집단으로 활동할 때 더 효과적이다. 아이디어 무한 창출법은 암묵지에서 비롯된 수많은 아이디어를 연역과 귀납의 과정을 반복하면서 변형하고, 새로운 아이디어를 형식지와 연결하여 아이디어를 질적으로 향상시킬 수 있다.

창의적 사고 연습하기 활동 1

창의적 사고를 다양한 방법으로 연습해 보자.

❶ 브레인스토밍을 활용하여 아이디어를 만들어 보자.

❷ 아래는 에세이 쓰기에 대한 평가표이다. 글을 쓸 때 이러한 체크리스트가 어떤 역할을 하는지 생각해 보자.

구 분	평가 요소	비 고
내용	주제가 명료한가?	
	제시된 사건 혹은 대상의 의미가 충분히 서술되었는가?	
	제목이 적절한가?	
구성	도입부와 마무리가 제 역할을 하고 있는가?	
	내용 전개 방식이 주제 표현에 효과적인가?	
	단락과 단락의 내용 연결이 자연스러운가?	
표현	문장 성분 호응, 맞춤법, 띄어쓰기 등이 정확한가?	
	표현이 적절하고 효과적인가?	

❸ 형태적 분석법을 활용하여 건물 옥외 간판을 디자인하려고 한다. 간판의 구성 요소를 표로 만들어 다양한 조합을 기술해 보자.

재 료	몸 체	조 명	서 체	색 채	비 고

창의적 사고 연습하기 활동 2

❶ 다음은 토마스 쿤Thomas Kuhn의 『과학 혁명의 구조』를 정리한 글로서 현대 사회에서 과학 혁명의 문제를 다루고 있다. 이 글을 토대로 현재의 과학 이론이나 과학적 사고 체계의 문제점을 지적하고, 암묵지와 형식지가 형성되는 과정에 대해 자신의 견해를 밝혀보자.

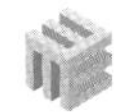

정상 과학Normal Science이란 과거의 과학 연구 결과에 기반을 둔 연구 활동을 의미한다. 이들 연구 성과는 일정 기간 어떤 특정한 과학자 집단이 연구 사업의 기초로 삼는 것이며 통상 초중등학교의 교과서에 정설定說로 설명되고 있다.

정상 과학은 패러다임Paradigm과 밀접한 관련이 있다. 패러다임이란 과학 연구를 가능케 하는 이론 모형, 개념, 법칙, 관점 등을 총칭하는 개념이다. 정상 과학이라는 것은 바로 한 무리의 과학자들이 동일한 패러다임을 토대로 연구하고 그것에 대해 의문을 갖지 않는 상태라 할 수 있다. 하나의 이론이 패러다임으로 인정되기 위해서는 경쟁하는 다른 이론보다 우월해야 하지만 그것이 모든 현상을 다 설명해야 한다는 법은 없고 실제 그렇지도 못하다. 서로 다른 분야를 연구하던 학자들이 하나의 전문 직업 집단이나 학파를 형성해가는 과정은 이들이 하나의 패러다임을 수용하는 과정과 완전히 일치한다.

하나의 패러다임이 성립되려면 전문가 집단이 중요하다고 인정한 몇 개의 문제를 해결하는 데 다른 경쟁 이론보다 우수해야 한다. 최초에는 그것이 몇 가지 불완전한 사례에서 우연히 발견할 수 있는 성공의 가능성에 불과하다. 정상 과학은 바로 이런 약속이 실현되는 과정이라고 할 수 있다. 이후 모든 과학자는 이런 패러다임에 기초해 연구를 진행하는데 패러다임이 효과적인 기능을 발휘하는 동안에는 그 패러다임이 없었다면 도저히 상상하기 어렵고 문제시하지 않았을 문제들을 전문가들이 쉽게 해결할 수 있게 된다. 과학자들은 패러다임이 있기에 해결해야 할 문제를 새롭게 발견하게 되고 그것을 해결하는 장치까지도 고안한다. 예를 들면 보일의 실험은 공기가 탄성 유체라는 개념이 없었다면 시작할 수도 없었을 것이고, 쿨롱의 실험 기구들은 모든 입자가 거리를 두고 상호 작용한다는 개념 없이는 성립이 불가능했을 것이다.

정상 과학은 근본적으로 새로운 이론의 창안을 억제한다. 새로운 것이 정상 과학의 이론을 뒤집어엎기 때문이다. 그렇다고 해서 정상 과학이 새로운 이론을 무조건 거부하지는 않는다. 때로는 정상적인 문제, 즉 알려진 규칙과 과정에 의해 풀어야 할 문제도 해결하지 못하고 헤매는 경우도 있다. 이렇듯 정상 과학의 전통을 파괴하는 이변들을 더이상 회피할 수 없을 때, 이때 전문가들은 새로운 이론을 탐구하기 시작하고, 이것이 과학자들에게 받아들여지면 하나의 패러다임으로 자리잡게 된다. 새로운 패러다임이 자리잡게 되는 것은 과학에서는 새로운 기초가 된다. 정상 과학의 전통에 변화가 일어나는 특별한 사건이 바로 과학 혁명이다. 즉, 과학 혁명은 정상 과학의 전통에 얽매인 활동에 덧붙여진, 전통을 깨뜨리는 보완이다.

과학 혁명의 가장 뚜렷한 실례는 과학 발달사에서 전환점이 되었던 사건들이다. 코페르니쿠스, 뉴턴, 라부아지에, 그리고 아인슈타인 등이 과학 발달사에서 이룩한 성과들이다. 적어도 자연 과학의 역사에서 이런 예들은 다른 어느 사건보다 확실하게 과학 혁명이 어떤 것인가를 분명하게 보여준다. 이들은 모두 한때 높이 평가받던 과학적 이론을 버리고 그것과는 양립되지 않는 다른 이론을 받아들이도록 주장했다. 이런 혁명은 결과적으로 기존 과학의 탐색 대상이 되는 문제들을 변화시켰고, 과학자들의 판단 기준도 변화시켰다. 이러한 특성들은 뉴턴 혁명, 또는 화학 혁명의 연구 같은 데에서 특히 뚜렷하게 드러난다. 그렇다고 해서 과학 혁명은 과학 발달사의 뚜렷한 전환점에만 있는 것은 아니다. 널리 알려지지 않는 과학적 사건들에서도 이런 혁명은 찾아볼 수 있다. 맥스웰의 방정식도 아인슈타인의 방정식 못지않게 혁명적이었으며, 그에 따르는 저항도 만만치 않았다.

새로운 이론의 창안은 기존 과학자들이 정상 과학으로 받아들였던 규칙을 변화시키는 것을 의미한다. 그러므로 새로운 이론은 이미 성공적으로 완료된 과학적 업적의 많은 부분에 영향을 준다. 이런 이유 때문에 새로운 이론은 그 적용 범위가 아무리 특별하다 하여

도 이미 알려진 것들에 그저 덧붙여 보완되는 일은 드물거나 전혀 없다. 새로운 이론을 받아들이려면 이전의 이론을 재구성하고 이전의 사실을 재평가해야 한다. 이렇게 본질적으로 혁명적인 과정은 한 사람이 이룰 수 있는 일도 아니고 하룻밤 사이에 진행되는 것도 결코 아니다. 그런데 과학사가들이 사용하는 용어는 이러한 폭넓은 과정을 고립된 별개의 사건으로 취급하게끔 한다. 과학사가들이 이 폭넓은 과정에 정확하게 날짜를 매기는 일을 매우 어려워한다는 점은 전혀 놀라운 일이 아니다.

위기에 처한 패러다임에서 벗어나 정상 과학이 새로운 패러다임으로 옮겨가는 과정은 낡은 패러다임을 정비하거나 확장함으로써 성취할 수 있는 누적적인 과정이 아니다. 그것은 기초적인 이론의 일부까지도 변화시키는 하나의 '재조직 과정'이다. 새로운 패러다임으로 옮겨가는 과정을 과학에서의 혁명이라고 하는 이유가 여기에 있다. 과거의 패러다임과 새로운 패러다임은 사회 혁명 과정이 그러하듯 양립 불가능한 것이다. 경쟁적 패러다임 사이에서 하나를 선택한다는 것은 공동체에 존재하는 양립할 수 없는 생활 방식 사이에서 무언가를 선택한다는 의미를 지닌다. 이는 세계관의 변화를 의미하고 과학에서는 하나의 진보라고 말할 수 있다. 교과서는 끊임없이 다시 쓰여져야 하고 새로운 세대는 새로운 패러다임으로 교육되어야 한다.

❷ 암묵지와 형식지의 예를 주변에서 찾아 보자.

PART 4
창의적 사고로 문제 해결하기

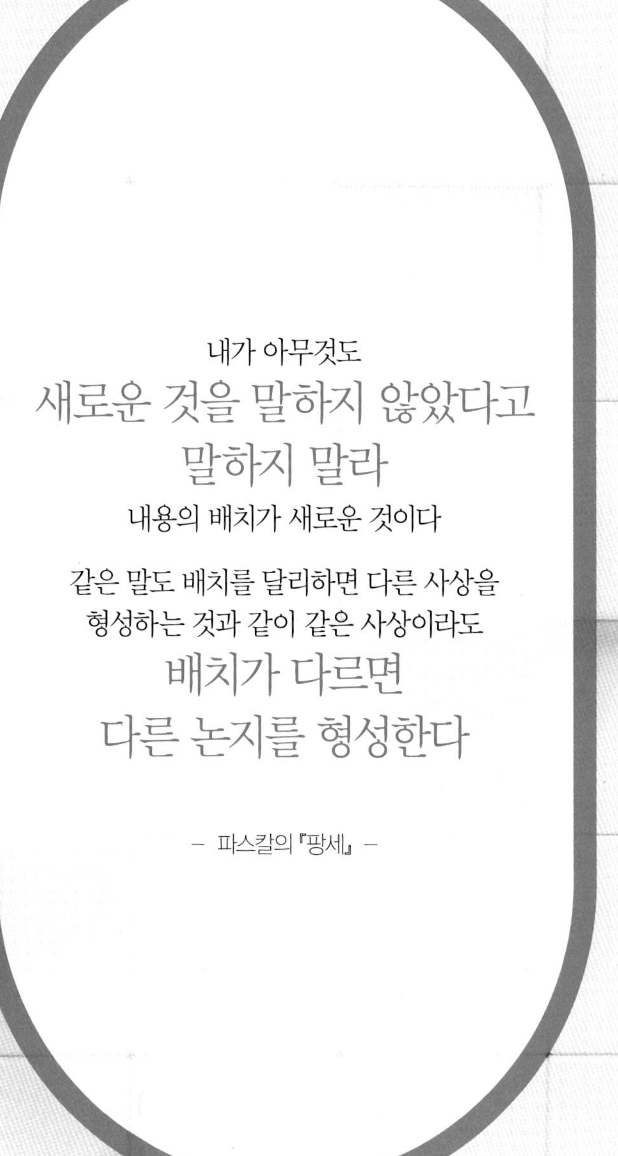

내가 아무것도
새로운 것을 말하지 않았다고
말하지 말라
내용의 배치가 새로운 것이다

같은 말도 배치를 달리하면 다른 사상을
형성하는 것과 같이 같은 사상이라도
배치가 다르면
다른 논지를 형성한다

– 파스칼의 『팡세』 –

상황 분석 - 우선순위 정하기

철수는 새로운 마음으로 연초에 올 한해 '책 100권 읽기'를 목표로 세웠다. 지난해를 돌아보니 책을 거의 읽지 않았다는 것을 발견하여 새해에 새로운 각오로 해당 목표를 세운 것이다. 꼼꼼한 철수는 책 100권 읽기를 달성하고자 세부적인 계획을 세웠다. 한 해에 100권을 읽으려면 월별로 8.3권 정도 읽어야 하고, 한 달에 책을 8권 이상 책을 읽으려면 일주일에 적어도 2권 이상은 읽어야 한다는 결론에 도달했다. 철수는 1월 초에 책 8권을 마련했다. 몇 권은 구입하고 나머지는 동네 도서관에서 빌렸다. 한 달이 지난 뒤에 철수는 과연 8권의 책을 다 읽었을까? 그리고 일 년 동안 책 100권을 모두 읽을 수 있을까?

우리는 새로운 일을 도모할 때, 혹은 어떤 문제가 발생했을 때 가장 먼저 목표 설정부터 하게 된다. 일을 시작할 때는 반드시 목표가 있어야 하고, 그 목표에 도달하려면 여러 가지 해결 방안을 모색해야 한다. 아무리 좋은 해결 방안을 찾는다고 할지라도 목표 설정 자체가 잘못되었다면 소용없는 일이 되고 만다. 이런 잘못을 반복하지 않으려면 목표 설정 단계에 매우 신중해야 한다. 목표를 설정하기 전, 문제의 당사자가 처한 환경과 사태를 객관적으로 서술하는 작업이 선행되어야 한다.

만약 A 회사의 매출이 작년 대비 30% 떨어졌을 때 올해에는 '작년 대비 매출 30% 이상 올리기'라고 목표를 세운다면 과연 어떻게 될까? 매출 30% 이상 올리기는 A 회사에 대한 근본적인 해결책이 될 수 없다. 어떤 분야의 매출이 떨어졌는지, 그 배경은 무엇인지부터 살펴보아야 한다. 어떤 품목이 가장 안 팔렸는지, 소비자가 그 품목을 선택하지 않은 이유는 무엇인지를 분석하지 않고서는 매출을 상승시킬 방법을 찾을 수 없다. 문제의 원인부터 찾아야 비로소 '어떻게'에 대한 답을 찾을 수 있다.

책 읽기 목표만 세우는 철수, 작년 대비 매출 30%를 올려야 하는 회사, 과연 이들은 목표를 달성할 수 있을까? 목표를 세우기에 앞서 사태 파악, 즉 상황 분석이 선행되어야 한다.

단 계	활 동	활동 내용
상황 분석 단계	• 현황 파악하기 • 질문 나열과 분류 • 기준에 따라 우선순위 정하기	• 최대한 많이 질문하기 • 드러난 현상과 드러나지 않은 현상 구별하기
문제 정의 단계	• 정보 수집하기 • 현상(증세)과 문제 구별하기 • 문제의 원인 찾기	• 직접 관찰하기 • 면담하기 • 설문 조사하기 • 문헌(자료) 조사하기
목표 설정 단계	• 원인 요소 나열하기 • 원인 요소 제거 방법 찾기	• 주된 목표, 세부 목표 구별 • 절대 목표, 희망 목표 구별 • 정성적 평가, 정량적 평가
해결안 선정 단계	• 대안 선정하기	• 다양한 대안 마련하기 • 기준(목표)에 따라 각각의 대안 평가하기 • '최적의 안' 선정하기 (문제 해결 후 '해결안')
실행과 피드백 단계	• 성공, 또는 실패 평가하기 • 사후 대책 마련하기	• 실행에 대한 세부 계획 수립 • 세부 계획 중 나타날 잠재적 문제 파악하기 • 결과에 대한 긍정적, 부정적 피드백 확인하기

이것은 문제 해결을 5단계로 나누어 제시한 것으로, 각 단계에 맞는 과업도 순차적으로 제시되어 있다. 어떤 문제가 실제로 발생하면 문제 해결의 5단계에 따라 순차적으로 일을 진행하기는 어려울 것이다. 다만 현재 사태를 올바르게 진단하려고 일의 흐름을 세분화

하고 나눈 것이라고 할 수 있다. 눈앞에 일어난 사태를 논리적으로 분석해야 창의적 문제 해결도 가능해진다. 무엇보다 올바른 목표 설정을 하려면 사태를 논리적이고 분석적으로 파악하는 과정이 필수적으로 마련되어야 한다. 책 100권 읽기에 도전하는 철수도, 매출이 떨어진 A 회사도 문제를 올바르게 해결하려면 '상황 분석'부터 시작해야 한다.

단 계	활 동	활동 내용
상황 분석 단계	• 현황 파악하기 • 질문 나열과 분류하기 • 기준에 따라 우선순위 정하기	• 최대한 많이 질문하기 • 드러난 현상과 드러나지 않은 현상 구별하기

철수가 새해에 책 100권 읽기라고 목표는 세웠지만, 목표를 이룰 방법이 무엇인지, 책 읽는 여건이 마련되었는지, 혹은 목표를 이루는 데에 방해 요인이 무엇인지 등을 분석해야 한다. 이런 조건을 먼저 분석하고 검토하지 않는다면 목표 설정 그 자체가 무의미해질 수 있다. A 회사도 마찬가지로 매출이 떨어진 원인부터 파악하고, 그 원인들 중에서 우선적으로 제거해야 할 것을 선정해 제거 방법을 모색하는 순서로 진행해야 한다. '매출 30% 이상 올리기'라는 목표는 사태를 파악하거나 문제의 원인을 찾지 않고 설정한 목표이기에 회사의 어려운 사태를 개선하는 데 전혀 도움이 되지 않는다.

모든 사태에 문제 해결 5단계를 동일하게 적용할 수는 없으나 문제 상황을 철저하게 분석하는 것이 반드시 선행되어야 한다. 그렇지 않고 당장 눈앞에 나타난 현상만 보거나 드러난 사태만을 수습하기에 급급하면 오히려 일을 그르칠 수 있다. 현재 드러난 사태와 문제의 대상을 면밀하게 분석하면 목표를 잘못 세워서 우회하거나 해결 방안을 적용한 후에도 사태가 달라지지 않는 등의 시행착오를 줄일 수 있다.

상황 분석을 철저하게 한다면 그다음에 어떤 단계로 진행해야 할지 결정할 수 있다. 문제 해결의 5단계 중 어떤 단계로 넘어갈 수 있을지를 파악하는 것이다. 상황 분석의 대상은 문제 해결의 당사자와 관련자, 주변 사람들부터 물리적, 심리적 환경까지도 모두 포함되어야 한다.

상황을 분석하면,

❶ 현재 처한 상황을 파악할 수 있는 질문을 최대한 나열하고
❷ 그 나열된 사항을 일정한 기준에 따라 분류하며
❸ 분류한 것을 다시 '시급한 것', '중요한 것' 등으로 순서를 매길 수 있다.

철수가 책을 100권 읽는 목표에 앞서 철수가 처한 환경을 분석해야 한다. 철수의 수많은 환경 중에서 독서와 관련된 환경을 모두 떠올려 보고 기록하는 것이 필요하다. 예를 들어 철수의 독서 현황을 분석하려면 다음과 같은 질문을 나열해 볼 수 있다.

- 철수가 가장 최근에 읽은 책은 무엇인가?
- 철수가 좋아하는 분야, 관심 분야는 무엇인가?
- 철수가 가장 마지막으로 도서관(또는 서점)을 방문했던 것은 언제인가?
- 철수가 작년에 몇 권의 책을 읽었는가?
- 철수가 작년에 책을 세 권밖에 읽지 못한 이유는 무엇인가?
- 철수가 공부, 아르바이트, 친구들과의 여행 등으로 바빴는가?
- 평소에 시간을 낼 수 있는 부분이 있는가?
- 평소에 가장 여유 있는 시간은 언제인가?
- 독서 시간을 따로 확보할 수 없다면 하루 중 10분 이상 시간을 낼 수 있는가? 언제 가능한가?
- 철수는 100권 읽기가 정말 가능한가? 철수가 책을 읽지 못하는 이유가 시간 때문인가? 다른 이유는 없는가?
- 철수가 관심이 있는 분야나 좋아하는 분야는 무엇인가?
- 철수의 독서를 가장 방해하는 요인은 무엇인가?
- 그 요인이 앞으로 개선될 가능성은 있는가?

문제와 관련된 사태를 올바르게 해석하려면 가능한 질문을 많이 해야 한다. 그 질문에 대한 답을 즉각적으로 찾을 수 없다고 할지라도 브레인스토밍, 체크리스트 기법, 형태적 분석법 등을 활용하여 '철수와 독서'와 관련된 모든 상황을 다 나열해 보고 그 내용이 서로 유사한 것끼리 묶어서 주제별로 분류하는 작업이 필요하다.

분 류	질 문
독서 시간	• 철수가 작년에 책을 세 권밖에 읽지 못한 이유는 무엇인가? • 평소에 시간을 낼 수 있는 부분이 있는가? • 평소에 가장 여유 있는 시간은 언제인가?
독서 주제	• 철수가 가장 최근에 읽은 책은 무엇인가? • 철수가 가장 마지막으로 관심을 가졌던 책은 무엇인가?
독서 환경 (물리적 환경)	• 철수가 작년에 몇 권의 책을 읽었는가? • 철수가 작년에 책을 세 권밖에 읽지 못한 이유는 무엇인가? • 철수가 가장 마지막으로 도서관(또는 서점)을 방문했던 것은 언제인가?
⋮	⋮

예를 들어 책 읽는 시간 확보, 물질적 자원 확보, 독서 취향, 독서 환경, 독서를 방해하는 환경 등으로 나눠서 질문을 재배열하면서 상황 분석을 구체적으로 할 수 있다. 각 내용에 따라 분류하여 표를 완성해 보면 어떤 부분에 더 질문이 필요한지, 어떤 부분에 문제가 발생하는지 구체적으로 살펴볼 수 있다. 주제별로 분류한 내용을 확인했다면 그다음은 '우선순위'를 결정해야 한다.

- 지금 가장 시급한 것은 무엇인가?
- 지금 가장 중요한 것은 무엇인가?
- 지금 시급하지는 않지만, 향후 중요한 것은 무엇인가?
- 사태가 변화되더라도 꼭 해야만 하는 것은 무엇인가?

상황을 분석할 때는 현재 사태와 관련 내용을 최대한 많이 나열하고 기록하는 과정을 반복하며, 눈 앞에 펼쳐진 현상을 자세하게 묘사해야 한다. 드러난 현상의 인과 관계를 잘 추적해 보면 바로 이전 장면에 일어난 일과 눈앞에 드러나지 않은 현상까지도 추론할 수 있게 된다. 일어났던 일, 일어난 일, 그리고 이후에 일어날 일을 연속하여 나열해 보기도 하고, 동일한 사태를 다양한 입장에서 살펴볼 수도 있게 된다.

상황 분석 단계에서 시간이 가장 많이 소요된다. 상황에 대한 모든 부분을 기록하고 일의 긍정적, 부정적 측면을 가감 없이 다 기록해야 하며, 눈앞에 보이지는 않지만 관련된 사건들을 수집해야 한다. 만일 현재 상황을 열거하는 것이 어렵다면 '만일', '만약에'를 넣어서 눈에 보이는 현황을 다른 관점으로 보려고 시도해야 한다.

- 만일 이런 일이 없었으면 상황이 얼마나 좋았을까? 이런 일이란 어떤 것이며 지금의 상황은 무엇을 의미하는가?
- 만약 비전이나 정체성이 확실하게 설정되어 있다면 이러한 결과가 발생했을까?
- 만약 드러난 문제가 해결되고 나면 또 다른 문제가 나타나지 않을까?
- 만일 구성원이 바뀌고 환경이 변화한다면 그 결과가 지금과 동일할까?

상황 분석을 할 때는 측정 가능한 개념으로 내용을 정의하며 기술된 내용 속의 여러 가지 개념을 비교, 분석하여 유사한 내용끼리 분류할 수 있다.

❶ 무엇을 근거로 그렇게 말하는가?
❷ 누구와 비교해서 하는 말인가?
❸ 시간을 구체적으로 표현하면 언제인가?
❹ 사건이 일어난 장소란 구체적으로 어디인가?
❺ 추상적인 개념이 있다면 그것을 구체적인 개념으로 재정의할 수 있는가? 할 수 있다면 어떻게 할 것인가?
❻ 대상의 구성 요소나 하위 요소로 나눌 수 있는가? 나눌 수 있다면 무엇으로 구분할 수 있나?

❶을 적용해 '철수가 예전보다 책을 많이 읽지 않는 편이다'라고 기술한다면 '예전'은 정확히 언제를 말하는지를 밝혀야 한다. 1년 전, 혹은 2년 전, 혹은 5년 전 등으로 시간을 나누어 구체적으로 기술하면 철수의 현황을 구체적으로 제시할 수 있다. 또 ❷를 적용해 보면 '많이'라는 기준도 모호하다고 볼 수 있다. '많이'를 구체적으로 밝히기 위해서는 철수와 비슷한 나이, 직업, 성별 등의 집단과 비교하거나 대한민국 국민의 평균 독서량과 비교해서 얼마만큼 적게 읽는지를 밝혀야 한다.

'철수가 가장 최근에 읽은 책은 무엇인가?'라는 질문을 구체화한다면 여기서 '책'의 기준부터 생각해 보아야 한다. 철수의 독서 활동에 '책'은 어떤 종류까지 포함하는가? 종이책이 아닌 경우, 예를 들면 전자책, 오디오북 등의 독서 형태나 인터넷에서 검색한 기사나 웹툰, 웹 소설 등도 포함할 것인가? 만약 '종이책'만 철수의 독서로 인정한다면 종이책에는 어떤 종류까지 포함해야 하는가? 단행본, 잡지, 만화책, 논문, 기사 등을 모두 포함시킬 것인가? 이런 식으로 질문을 계속 이어나가면 추상적인 '독서'가 아닌 '종이책, 단행본, 전공 서적을 제외한 교양 서적' 등으로 목표를 매우 구체적으로 세울 수 있게 된다. 그러면 철수의 새해 목표는 전공 서적이 아닌 '교양 서적 10권 읽기'라는 현실적이고 구체적인 목표를 세울 수 있게 되는 것이다.

상황 분석을 구체적으로 하는 이유는 현재 사태를 정확히 진단할 수 있기 때문이다. 철수의 독서 목표와 마찬가지로 사태를 정확하게 분석하면 이후 어떤 단계로 들어가야 하는지를 결정할 수 있게 된다. 'A 회사의 매출이 30% 떨어졌다.'라는 상황에서 매출이 떨어진 이유를 모른다면 원인 요소를 찾아내는 단계, 즉 문제 정의로 들어가면 된다.

매출이 떨어진 이유가 한 가지가 아니라 여러 가지일 수 있다. 특정 상품의 품질이 떨어졌거나 판매 과정의 서비스가 나빠졌거나 경쟁 회사의 상품이 세일을 하거나 유행이 바뀌면서 소비자에게 인기를 잃는 등 다양한 이유가 존재한다. 그 모든 이유를 한꺼번에 다

제거할 수 없다. 이런 경우 여러 가지 이유 중에서 한두 가지를 선정해서 '문제 정의'를 할 수밖에 없다. 과연 어떤 것을 먼저 선정해야 할까?

구 분	시급함	시급하지 않음
중요함	A	B
중요하지 않음	C	D

매출이 떨어진 여러 가지 원인 중에서 가장 시급하고 중요한 것을 찾아야 한다. 중요한 것과 중요하지 않은 것, 시급한 것과 시급하지 않은 것을 기준으로 나누어 우선순위를 매길 수 있다. 가장 이상적인 것은 A와 같이 지금 당장 해야만 하는 것으로, 회사의 손실을 회복할 수 있는 가장 빠른 길을 선택하는 것이다. 일정한 기준으로 우선순위가 정해졌다면 그다음에는 문제 해결 단계로 넘어갈 수 있다.

"A 회사의 영업 이익이 30% 감소했다"의 상황 분석 결과	
우리 회사의 품질에 대한 고객의 불만이 증가했다.	상황 분석 단계
고객의 불만이 증가한 원인을 규명해야 한다.	문제 정의 단계
서비스의 품질이 많이 떨어졌다.	문제 정의 단계
서비스 센터 접수 과정이 복잡하고 대기 시간이 길어졌다.	목표 설정 단계
서비스 센터 접수 과정을 단순화하려면 A, B, C 등의 방법을 수정해야 한다.	해결안 선정 단계
고객 서비스를 응대하는 직원을 더 채용하고 고객의 대기 시간을 줄이도록 한다.	실행 및 피드백 단계

상황 분석을 세분화하고 내용을 구체적으로 나눌 수 있다면 문제 해결의 다음 단계가 결정된다. 우리 주변에 해결하지 못한 문제들이 있다면 이 과정을 활용하여 목록을 만드는 연습을 시도해 보자.

문제 정의 - 원인 요소 찾기

의사가 환자의 병을 진단하고 치료하는 과정을 한번 생각해 보자. 발목이 아픈 환자가 병원을 방문했을 때 의사는 환자를 진단하기 전 먼저 환자에 대한 정보부터 수집한다. 환자의 키, 몸무게, 혈액형, 여러 가지 병력, 가족력 등을 미리 조사하고, 필요하다면 엑스레이를 찍기도 하고 통증의 정도도 체크한다. 언제부터 발목이 아팠는지, 어떤 방식으로 아픈지, 자주 아픈 정도는 얼마나 되는지 등의 질문도 이어진다. 발목 통증으로 인한 여러 가지 증상을 관찰해 의사는 이것을 근거로 환자를 진단한다.

단 계	활 동	활동 내용
문제 정의 단계	• 정보 수집하기 • 현상(증세)과 문제 구별하기 • 문제의 원인 찾기	• 직접 관찰하기 • 면담하기 • 설문 조사하기 • 문헌(자료) 조사하기

문제 해결의 2단계인 '문제 정의(진단)'에서는 대상과 관련된 정보를 수집하고 문제를 일으키는 원인을 규명하는 과정이 필요하다. 정보를 수집할 때는 대상을 직접 관찰하거나 현장을 방문하여 조사하거나 대상자에게 설문 조사를 실시하는 등 다양한 방법이 동원된다. 정보 수집은 드러난 상황 뒤에 숨어 있는 진짜 원인을 찾는 데 꼭 필요한 과정이다. 겉으로 드러나는 현상은 증세에 불과하며 우리가 정말 해결해야 할 문제가 아니다. 예시처럼 발목이 아픈 것은 환자의 증세이지 환자가 해결해야 할 문제가 아니다. 의사가 일정한 정보를 확보한 후에 발목 통증의 원인을 찾아(진단) 그 원인을 제거하는 것(치료)이 바로 문제 해결의 과정이다.

병원에서는 환자가 처음 병원에 도착했을 때부터 환자의 몸 상태를 체크하기까지 가능한 한 모든 방법을 동원하여 정보를 확보해야 한다. 이후 의사가 환자를 대면했을 때 의학적 지식과 환자에 대한 자료를 바탕으로 정확한 진단을 하게 된다.

❶ 발목의 통증이 언제부터 시작되었나?
❷ 넘어지거나 부딪힌 외부 충격이 있었나?
❸ 발목의 통증은 뼈의 문제일까?
❹ 발목 부근의 다른 뼈에는 문제가 없나?
❺ 뼈의 문제가 아니라 근육의 문제일까?
❻ 발목과 연결된 다른 부위 통증은 없는 걸까?

환자에 대한 정보를 수집하고 환자를 직접 관찰하면서 의사는 발목 통증의 원인을 찾게 된다. 예를 들어 발목이 아픈 것이 뼈의 문제가 아닌 통풍 때문이라면 발목을 치료할 것이 아니라 통풍에 관한 치료를 해야 한다. 뼈가 아픈 것은 눈으로 드러나는 증세, 현상에 불과하므로 통증의 원인을 정확하게 인지해야 문제 해결에 도달할 수 있다. 향후 의사는 환자의 상태에 맞는 치료 방법을 처방하게 된다. 또한 필요한 약물이나 식이 요법, 운동 등을 결정해야 한다.

의사가 환자를 치료하는 과정은 매우 개인적인 차원의 문제 정의에 해당한다. 문제가 발생하는 요인이 개인이 아닌 조직이나 회사라면 문제와 가장 관련 있는 '누가', '어디서'에 초점을 두어야 한다. 문제 해결을 할 때는 문제의 당사자, 혹은 관련자, 관련 부서 등을 먼저 파악하는 것이 필요하다.

만약 B 회사의 특정 제품에 대한 소비자들의 불만 접수가 늘었다면 불만의 원인이 무엇인지부터 찾아야 한다. 이를 해결하려면 과연 어떻게 정보를 수집할 것인가?

특정 제품에 대한 소비자 불만 사항이 무엇 때문인지 원인을 파악하는 것부터 시작해야 한다. 만약 특정 제품의 불량률이 높은 것으로 나타났다면 B 회사는 불량품이 발생한 곳이 어디인지부터 조사해야 한다.

- 제품을 생산하는 공장
- 제품 운송 부서와 운송 담당자
- 제품 보관 장소와 관리자
- 소비자까지의 배송 과정과 배송 담당자
- 제품 사용 중의 오류

먼저 제품을 생산하는 공장의 불량률이 높아졌는지 그 여부를 확인하려면 공장과 관련된 또 다른 정보를 수집해야 한다.

❶ 제품별 품질 규정과 허용 불량률에 관한 규정이 있는지, 규정이 있다면 그 내용이 무엇인지 검토할 것

❷ 공장의 제품 생산 라인별로 확인, 검사 자료가 기록에 남아 있는지 여부를 확인할 것 - 만약 기록이 있다면 지난 6개월 동안 일별, 시간대별 품질 검사 자료 검토

❸ 제품을 생산하는 공장의 생산 라인별로 고장 관련 일지를 검토할 것

❹ 지난 6개월 동안 공장의 제품 생산 라인별 작업자를 확인할 것 - 작업자의 배치 현황 검토

❺ 완제품의 저장, 수송 담당자를 만나서 관련 자료를 검토할 것

❻ 제품 판매자와 관리자를 만나서 제품 보관에 대한 자료를 검토할 것 - 보관 장소 직접 방문 및 관찰, 관계자와의 면담

❼ 고객사의 검수 절차를 파악하고 제품의 수송이 어떻게 이루어지는지를 확인할 것

❽ 고객사에 관계 자료를 요청해 불량률 접수에 대한 내용을 검토하고 조사할 것

❾ 제품 사용 고객과의 면담, 설문 조사를 실시하여 불량품에 대한 소비자의 의견을 수집할 것

각각의 요소를 구체적으로 조사하기 위해서 생산자, 관리자, 제품 판매자, 소비자 등도 만나야 하며 회사의 특정 제품과 다른 회사의 제품을 비교하는 작업도 해야 한다. 이 과정에서 제품의 불량 원인을 찾는다면 이는 B 회사가 처리해야 할 문제가 된다. 원인 요소를 규정하는 정보 수집은 무엇이(혹은 누가), 어디서, 언제, 어느 정도 등의 질문을 해보고 그에 대한 답을 찾는 과정이다.

- 무엇이 문제를 일으켰는가?
- 일어나는 현상은 어떠한 것인가?
- 어느 장소에서 발생했나? 어느 부서에서 발생했나? 담당 부서 이외에 관련된 부서나 관리자가 있는가?
- 언제 처음 발생했나?
- 어떤 과정에서 발생하게 되었나?
- 어느 정도 심각한가? 혹시 측정 단위로 수치화할 수 있는가?
- 현상이 증가하고 있나, 감소하고 있나?

이 질문을 다른 관점으로 본다면,

- 문제를 일으키지 않은 주체는 누구인가? 문제와 관련이 없는 부서는 어디인가?
- 이 일이 나타나지 않는 장소나 부서는 어디인가?
- 이 일이 발생하지 않았던 시기는 언제인가?
- 이 일 이외에 다른 현상이 나타나지 않는가?
- 일어나지 않은 현상은 무엇인가?

일어난 사태를 분석하면서 원인 요소를 규정할 수도 있지만, 반대로 일어나지 않은 사태를 제외하면서 원인 요소를 규정해 볼 수도 있다. 이는 다른 시각으로 문제를 해석하는 방법이 되기도 한다. 이러한 과정을 통해 밝혀낸 여러 가지 원인 요소를 나열하고 원인 요소를 최종적으로 선택하면 올바른 '문제 정의'가 가능해진다.

'문제 정의'를 할 때 가장 주의해야 할 것은 '누가'에 대한 부분이다. 개인이 아닌 조직 차원에서 문제를 해결해야 한다면 조직 내의 구성원을 살펴야 한다. 발생한 문제를 정의하는 데 구성원들 간의 합의가 이루어지지 않을 수 있다. 구성원들 간의 가치관이 충돌할 수도 있고, 같은 부서일지라도 의사소통이 제대로 이루어지지 않을 수도 있으며, 업무 수행에서 갈등이 발생할 수도 있다. 동일한 사태를 서로 다르게 해석할 수 있기 때문에 '누가'에 비중을 두고 관련자들을 면담하거나 직접 관찰하지 않으면 안 된다. 사람마다 옳다고 생각하는 기준이 다를 수 있고, 조직 내에서의 자신의 위치나 타인과의 관계 때문에 올바른 판단을 하지 못할 때도 있다. 무엇보다 현장에서 직접 체험할 때만 느낄 수 있는 어려움과 다양한 변수를 모두 통제할 수 없다. 문제 관련자와 외부자의 시선이 다를 수 있다는 것을 전제한다면 다양한 방식의 의사소통이나 정보 공유가 반드시 필요한 부분이다.

문제가 발생한 곳에 대한 정보를 얼마나 확보하느냐가 문제 해결의 성패를 좌우하게 된다. 논리적이고 분석적인 사고 활동을 바탕으로 상황을 꼼꼼하게 분석하는 것이 창의적 문제 해결의 전제가 된다. 학자들은 무의식적 행동에 의식적 사고의 통제를 가하면 창의적 사고가 증진된다고 한다. 독일의 심리학자 쾰러Wolfgang Köhler는 우리 속에 침팬지와 막대 2개를 넣고 바나나를 매달아 두어 침팬지가 어떻게 하는지를 관찰했다. 처음에는 침팬지가 막대 2개를 가지고 놀다가 막대를 활용하여 높이 매달린 바나나를 먹는다는 것을 알게 되었다. 그 과정에 침팬지는 손을 높이 들어보거나 점프를 하거나 옆으로 매달려 보기도 하다가 결국 막대로 바나나를 먹는 데 성공했다. 쾰러는 이런 과정을 '시행착오'로 보지 않고 문제 상황을 지속적으로 고민하는 것으로 간주했다. 어느 순간 "유레카!" 혹은 "아하!"라고 깨닫는 순간을 '통찰'로 설명했다.

문제 해결의 핵심은 '문제 정의'이며 문제와 관련된 정보를 최대한 많이 모아서 분석하고 종합하는 과정에서 '통찰'이 이루어지는 것이다. 통찰은 문제와 관련된 정보를 해결 방식에 맞게 조립하여 원하는 결과를 획득하는 것으로, 통찰에 도달하는 과정이 비록 명시적으로 드러나지 않을지라도 관련 정보를 꾸준히 수집하고 이를 세분화해서 분석한다면 해결 방법인 '통찰'이 가능할 수 있다.

목표 설정 - 원인 요소 제거

목표는 일을 진행하는 과정을 통제하거나 일의 결과를 평가하는 중요한 기준이 된다. 의사 결정을 할 때 여러 가지 대안을 세우고 각 대안을 평가할 때에도 목표가 필요하다. 문제 해결의 3단계인 '목표 설정'에 대해 논의해 보자.

단 계	활 동	활동 내용
목표 설정 단계	• 원인 요소 나열하기 • 원인 요소 제거 방법 찾기	• 주된 목표, 세부 목표 구별 • 절대 목표, 희망 목표 구별 • 정성적 평가, 정량적 평가

문제 정의에서 찾아낸 원인 요소를 명확히 규정한 뒤에는 원인 요소를 제거하는 방법을 찾아야 한다. 원인 요소 제거 방법이 곧 목표가 되는 것이다. 목표는 일의 결과에 대한 효과성을 판단하는 기준이 되기 때문에 무엇보다 신중하게 설정해야 한다. 문제를 해결하는 과정에서 처음 세운 목표를 달성하지 못했더라도 그 목표에 근접

했다는 것만으로도 그 결과를 평가할 수 있다.

만약 김미래 학생이 영어 시험에서 850점을 목표로 세웠지만, 실제 시험에서 810점이 나왔다면 이 학생은 목표 달성에는 실패했지만 목표에 가깝게 도달했기에 그 결과를 실패라고만 평가할 수 없다. 목표에 가까운 결과가 나왔기 때문에 그 학생의 문제 해결 과정이 적어도 틀리지 않았음을 증명할 수 있으며, 다음 단계에 맞는 새로운 목표를 세울 수 있다.

목표는 어떤 상황을 통제하는 기준이 되기도 한다. 앞서 언급한 '발목이 아프다'는 증세가 있다면 발목이 아픈 이유, 즉 원인을 찾는 것이 바로 '문제 정의'에 해당한다. 발목 통증의 이유가 과체중이라면 체중 감량을 목표로 설정한 뒤에 해결 방안을 마련하면 된다. 체중 감량을 하려면 식사량을 조절하거나 운동을 시작하거나 가정의학과나 클리닉 센터를 다니며 정기적인 치료 등의 해결 방안을 검토하게 된다. 이처럼 목표가 매우 명확하게 설정되면 목표 실현 방안을 찾는 단계로 넘어갈 수 있다. 목표가 명시적으로 잘 드러나거나 혹은 목표가 단 한 가지인 경우에는 목표 설정을 비교적 쉽게 할 수 있다.

고혈압으로 건강을 위협받는 사람이 있다면 그는 '혈압 낮추기'를 목표로 설정하고 그 방안을 검토할 것이다. 그의 건강 상태가 매우 심각한 수준이라면 의사에게 처방받아 바로 약을 복용할 것이고, 그렇지 않다면 시간이 더 오래 걸리더라도 식이 요법이나 혹은 운동으로 체중을 조절하는 세부 목표를 설정할 것이다.

동일한 상황도 기준에 따라 목표를 다르게 설정할 수 있다. 예를 들어 유료 고속도로에서 사고가 자주 발생하는 지역이 있다면 속도를 통제하는 것이 가장 우선적인 목표가 된다. 시속 120, 100, 80, 60킬로미터 등의 목표를 설정해 보고, 안전사고 예방과 원활한 이동을 기준으로 목표를 선택하게 된다. 목표를 설정할 때는 기준에 따라 그 내용이 달라질 수 있으며, 다음 단계인 해결 대안을 선정하는 데에도 영향을 끼치게 된다. 또 문제를 해결할 때 오직 한 가지 목표만 존재하는 것은 아니다. 한 번에 여러 개의 목표가 동시에 등장하기도 하고, 각각의 목표가 서로 상충하기도 한다. 그럴 때는 목표를 일정한 기준에 따라 분류해야 하며, 문제 해결의 당사자가 처한 환경에 맞게 우선순위를 정하거나 중요도를 나눌 수 있다. 목표가 두 가지 이상일 경우 가중치를 두고 주된 목표(총괄 목표)와 부차적 목표(세부 목표)로 나눌 수 있다. 주된 목표는 여러 개로 나눈 부차적 목표를 달성함으로써 이루어지고 나아가 최종적 과업에 도달하게 된다.

- 주된 목표: OO군 OOO면 진입 도로 건설
- 부차적 목표: 건축법상 허가 가능 여부 확인하기
  1. 보행과 자동차 통행이 가능한 4미터 이상의 공간 확보하기
  2. 자치구 주민들의 동의 받기
  3. 도로 부지 소유자의 동의 받기
  4. 자치구 행정 예산 편성하기
  5. 자치구 행정가의 도로 건설의 시행 계획 수립하기
  6. 건설업자의 입찰 확인하기

주된 목표가 매우 포괄적이거나 범위가 넓다면 부차적 목표를 여러 개 세우고 과업 달성의 우선순위를 정하면 된다. 각 세부 목표도 그 내용을 세분화하여 하위 목표를 더 세울 수 있다. 목표가 구체적일수록 그 성취 요소가 명확하며, 해결 방안을 구체적으로 마련할 수 있다. 구체적인 목표 설정을 하려면 아래의 방법을 참고해 보자.

내 용	방 법
SMART 목표 설정	• 구체적(Specific) • 측정 가능(Measurable) • 실현 가능(Achievable) • 현실적(Realistic) • 정해진 기한(Time-bound)

SMART는 목표 설정을 할 때 얼마나 구체적으로 해야 하는지를 보여주는 활동이다. 고혈압을 치료하려고 '체중 감량하기'라는 목표를 세웠다면 SMART에 따라 '1월부터 5월까지 체중은 3킬로그램

감량하되 체지방은 현재보다 5% 줄이고, 근육량을 12% 올리기'라고 구체적으로 목표를 설정할 수 있다. SMART 목표 설정은 목표를 수치화하는 정량적 평가에 유용하다. 목표는 '실현 욕구의 정도'에 따라 절대 목표와 희망 목표로 나눌 수 있다. 절대 목표는 문제 해결의 과정에서 필수적으로 성취해야 하지만, 희망 목표는 필수적인 것은 아니다. 다만 희망 목표가 절대 목표와 함께 달성된다면 문제 해결에 대한 만족도가 더 높아질 수 있다.

절대 목표나 희망 목표가 여러 개라면 각 목표를 평가하여 우선순위를 정하는 것이 필요하다. 정성적 평가는 해당 목표의 장단점을 기록해 장점이 많은 경우를 선택할 것인지, 혹은 단점이 많은 경우를 피할 것인지에 따라 선택을 달리하는 것이다. 이에 반해 정량적 평가는 해당 목표를 계량화하여 점수의 높고 낮음을 평가하는 방식이다.

박동양 학생은 졸업을 앞두고 A, B, C 회사에 입사지원서를 제출했다. 이 학생은 SMART 목표 설정에 따라 '자기 전공 분야이면서 연봉 3,500만 원 이상, 졸업 전 2월까지 반드시 취업할 것'이라고 목표를 세웠다. 여러 개의 회사를 두고 추가적인 목표를 더 선정했는데, 출퇴근 거리의 정도, 회사 재무 구조의 건전성, 복리 후생의 양호도 등을 함께 고려했다. 각 회사의 조건들을 나열하여 표로 만들어 보면 다음과 같다.

구 분	A	B	C
연봉(α)	3,200만 원	3,800만 원	4,200만 원
출퇴근 거리(10)	30분 이내(10)	50분 이내(6)	90분(2)
재무 구조 건전성(5)	상(5)	상(5)	중(3)
복리 후생(5)	중(3)	중(3)	최상(7)

박동양 학생은 과연 어떤 회사를 선택할 것인가? 어떤 회사가 자신의 목표에 맞는 회사인가? 연봉 3,500만 원 이상이라는 조건이 절대 목표에 해당한다면 동양 씨는 B와 C 중에서 선택해야 한다. 출퇴근 거리, 재무 구조의 건전성, 복리 후생 등은 희망 목표로서 각 목표를 비중에 따라 수치數値를 넣어서 계량화할 수 있다.

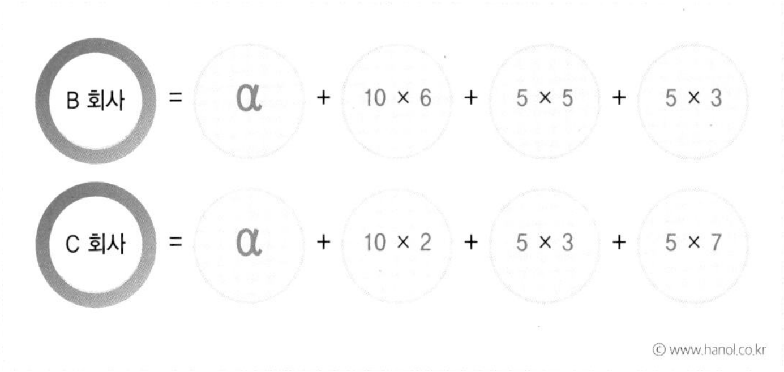
B 회사 = α + 10 × 6 + 5 × 5 + 5 × 3
C 회사 = α + 10 × 2 + 5 × 3 + 5 × 7
© www.hanol.co.kr

절대 목표를 충족하면서도 나머지 희망 목표를 동시에 고려하여 B 회사를 선택하게 된다. 이처럼 목표를 정량적 방식으로 평가하거나 수치로 바꾸어 비교 분석해 보면 문제 해결을 쉽게 할 수 있다.

단 희망 목표의 가중치를 어떤 기준에 따라 나누느냐에 따라 결과가 달라질 수 있다. '누가', '어떤 기준'으로 희망 목표를 설정할 것인지가 중요하다.

모든 상황에 목표를 미리 설정해야 하는 것은 아니다. 특히 개인이나 조직의 차원에서 목표가 명확하게 있을 수도 있지만, 그렇지 않은 경우도 많다. 또는 상황이 지나치게 급변하거나 새로운 상황에 대한 정보가 없다면 목표 설정이 어렵다.

대개의 조직이나 집단에서는 의사 결정 과정을 거쳐 목표를 미리 설정하는 사례가 많다. 조직 차원에서는 시간과 비용의 효율성을 고려하여 목표를 미리 설정하고 몇 가지 해결책을 정확하게 찾는 데에 노력을 많이 들인다. 이를 폐쇄적 의사 결정이라고 하는데, 문제 해결을 신속하게 할 수 있다는 조직 경영에 대한 신념이나 경험 때문에 많이 나타난다.

하지만 과업의 성격이나 조직의 목적에 따라 목표를 미리 설정하지 않고 몇 개의 대안을 병행하면서 과업을 진행하거나 후에 목표를 설정하기도 한다. 해당 분야에 대한 정보나 관련 경험이 없거나 관련된 환경이 지나치게 변화무쌍하면 당장의 목표를 세울 수 없기 때문이다. 이 경우는 개방적 의사 결정을 통해 목표를 추후 선정해야 한다.

애플 스토어 설계와 관련된 일화가 있다. 디자인 회사 CEO 팀 코베는 스티브 잡스의 비서로부터 전화를 받는다. '애플 스토어'가 될 매장에 대해 의뢰를 받았으나 그로부터 어떠한 구체적인 내용도 지시받지 못했다. 오직 애플 제품을 사람들에게 알리기 위한 목적이라는 것 이외에는 아무런 정보가 없었다. 그는 기업의 매출 상승과 이익이라는 거시적인 목표는 있지만, 애플 스토어에 대한 세부적인 목표나 구상은 불가능했다.

그는 상세한 목표를 갖지 않고 애플 제품의 박람회를 열어서 사람들의 반응을 살폈다. 개방적 의사 결정을 통해 목표를 세우기로 한 것이다. 그는 그 박람회를 통해서 사람들의 요구를 파악하고, 이를 관련자들과 논의한 끝에 애플만을 위한 주력 매장을 세우게 되었다.

슈퍼마켓을 운영하는 지우 씨도 손님에게 과일을 어떻게 팔아야 할 것인가를 고민했다. 과일은 기본 포장을 할 것인가, 아니면 쌓아두고 소비자가 직접 고르게 할 것인가를 두고 갈등하게 되었다. 순이익을 높이기 위해서라면 포장 비용을 아끼는 것이 좋겠지만, 고객의 서비스나 만족도를 높이기 위해서라면 몇 개씩 포장하여 판매해야 한다. 이익과 고객의 만족도를 모두 높일 만한 방법을 어떻게 찾아야 할 것인가? 무포장으로 판매를 해본 적이 있거나 포장으로 판매를 해본 경험이 있다면 그는 쉽게 의사 결정을 할 수 있을 것이다.

하지만 지우 씨는 슈퍼마켓을 처음 운영해 동네 주민들의 요구 사항을 미리 파악할 수 없기에 의사 결정을 미리 할 수 없다. 우선순위가 달라지기 때문에 목표를 먼저 세울 수도 없고, 각각의 목표가 서로 상충할 수도 있다. 이 경우에는 각각의 대안을 선정해 보고 이를 평가해서 최종 해결책을 마련하는 과정이 필요하다.

해결안 - 대안 선정하기

문제에 대한 정확한 정의가 이루어지면 원인 요소를 제거하거나 바꾸는 데 필요한 여러 가지 해결 방안을 모색해야 한다. 가능한 한 모든 대안을 찾아보고 목표를 기준으로 대안별로 그 효과와 효율을 평가한다. 평가 과정을 거친 후에는 목표 달성을 위한 가장 효과적인 최선의 안을 선정하면 된다. 최선의 대안을 선정하는 것이 문제 해결 단계에서 중요한 의사 결정이다.

단 계	활 동	활동 내용
해결안 선정 단계	• 대안 선정하기	• 다양한 대안 마련하기 • 기준(목표)에 따라 각각의 대안 평가하기 • '최적의 안' 선정하기(문제 해결 후 '해결안')

해결안을 선정하려면 우선 다양한 대안을 마련해야 하며, 각각의 대안을 기준에 따라 평가해야 한다. 여기서 기준은 '목표 달성'을 할 수 있는지, 혹은 '목표 달성'에 가까워질 수 있는지를 의미한다. 이

단계에서는 여러 가지 대안 중 목표 달성에 가장 적합한 것을 파악하는 것이 가장 중요하다.

여러 가지 대안 중 최선의 안을 선정할 때 이를 '최적의 안'으로 명명하는 이유는 문제 해결이 아직 종료되지 않았기 때문이다. 문제 해결이 완료된다면 비로소 '최적의 안'이 '해결안'이 될 수 있다. 여러 가지 대안을 두고 한 가지를 선정하려면 '목표'를 기준으로 정성적, 혹은 정량적 평가가 필요하다. 주어진 대안이 두 가지이면 A 또는 B, 양자택일을 하면 된다. 대안의 장단점을 나열하여 장점이 많거나 단점이 적은 것을 고를 수 있다. 예를 들어 올해 휴가로 2박 3일 가족 여행을 계획할 때 가족 8명에게 각 의견을 물어 여행 후보지를 속초와 부산으로 결정했다.

구 분	장 점	단 점
속초	• 집과의 거리가 가까움 • 자차로 이용 • 현지에서 이동하기 쉬움	• 숙소비가 비쌈 • 음식이나 시장은 현지 조사가 필요함 • 주변 관광지와 연결이 어려움
부산	• 부모님의 지인분이 계심 • 현지 정보에 대한 지인의 도움을 받음	• 거리가 다소 멂 • 대중교통을 이용해 부산으로 이동한 후 현지에서 렌터카 사용

각 여행지의 장점만으로 비교할 수도 있고, 단점을 비교하여 선택할 수도 있다. 가족들의 선호도나 취향에 따라 쉽게 문제를 해결할 수도 있다. 만약 회사의 새로운 신제품 개발에 대한 여러 가지 대안을 한꺼번에 평가해야 한다면 이것보다 훨씬 더 복잡해질 수 있다.

가능한 한 많은 대안을 세우고 제품의 특성을 다각도로 분석하여 최선의 안을 선택해야 한다.

SWOT 분석		내부 환경 요인 강점 (Strengths)	내부 환경 요인 약점 (Weakness)
외부 환경 요인	기회 (Opportunities)	SO	WO
외부 환경 요인	위협 (Threats)	ST	WT

대안을 정성적으로 평가하는 방법에는 SWOT 분석이 대표적이다. 비즈니스나 특정 프로젝트의 내부 환경과 외부 환경을 분석하여 강점Strengths, 약점Weaknesses, 기회Opportunities, 위협Threats을 식별하고, 이를 토대로 해당 대안을 선택할지를 판단하는 것이다. 이 분석법은 소규모 비즈니스나 조직 운영, 대기업 등에 이르기까지 매우 다양하게 사용된다. 물론 개인적인 목표나 해결책을 선정할 때에도 사용될 수 있다.

내부 환경 요인에는 강점과 약점이 있다. 강점은 이 대안을 수행할 때 나타날 좋은 점, 특별한 점, 다른 것과의 차별점, 가치 있는 것 등을 조직 내에서, 혹은 회사 내에서 찾는 것이다. 예를 들어 신상품을 개발하고 있다면 해당 상품이 다른 상품과 구별되는 좋은 점을 나열해 보는 것이다. 약점은 해당 대안을 실행했을 때 기대에 미치지 못하는 것이나 개선해야 할 부분에 집중하는 것이다. 기회는 내부적인 강점, 약점에도 불구하고 이를 선택했을 때 시장의 환경이나 경쟁 상대로 인해 도움을 받거나 긍정적인 요소들을 찾는 것이다. 위협은 통제할 수 없는 외부적 환경으로 우려되는 상황들을 말한다.

신제품 N 개발		내부 환경 요인 강점 (Strengths)	내부 환경 요인 약점 (Weakness)
외부 환경 요인	기회 (Opportunities)	• 신제품은 가볍고, 사용 방법이 단순해서 소비자가 선호한다. • 초보자도 사용하기 쉬움	• 내구성이 떨어지고 추가적인 기능이 없지만, 초보자, 학생용으로 선호
외부 환경 요인	위협 (Threats)	• 타사의 유사한 제품보다 가격은 싸지만 주목할 만한 새로운 기능은 없음	• 튼튼한 제품을 선호하거나 다양한 디자인을 선호하는 소비자에게 인기 없음

제품 N의 내부 환경 요인을 분석해 보면 가볍고 단순한 디자인이나 기능적으로 초보자를 위한 제품이며 가볍고 휴대성이 좋다는 장점이 있다. 하지만 내구성이 약한 편이며 추가적인 기능이 거의 없어서 금방 싫증을 느낄 수도 있다는 단점이 있다. 외부 환경 요인으로는 타사 제품과 비교할 때 가격이 싸고, 어린이나 어르신들이 쓰기에 좋다는 기회 요소가 있지만, 타사 제품의 기능이 많고 브랜드 인지도가 높아 제품 N을 선택하지 않을 가능성도 있다. 이러한 분석 내용을 토대로 SO, WO, ST, WT를 작성해 볼 수 있다. 최선안에서는 강점과 기회가 우세한 상품을 취할 것인지, 약점이나 위협

이 적은 상품을 개발할 것인지는 고민하게 된다.

만약 신제품 후보 네 가지를 두고 최적의 안을 선정해야 한다면 정량적 평가를 적용해 볼 수도 있다. 다만 절대 목표를 무엇으로 선정할지, 희망 목표의 가중치를 어떻게 둘지에 따라 그 결과가 달라질 수 있다. 예를 들어 아래 표에서처럼 중요도(만족도, 시장성)가 절대 목표라면 후보3이 최적 안이 될 수 있으나 적용 가능성을 절대 목표로 한다면 후보1이 최적 안이 될 수도 있다.

신제품 후보	중요도		실현 가능성			종합 평가	채택 여부
	만족도 (5)	시장성 (5)	개발 기간	개발 능력	적용 가능성		
후보1	5	4	10개월	상상	80		
후보2	4	4	1개월	중상	50		
후보3	5	5	6개월	중상	50		
후보4	7	3	3개월	중	70		

가족 여행지를 결정할 때에는 정량적 평가 방법을 적용해 볼 수 있다. 2박 3일 가족 여행을 계획할 때 가족 8명에게 각 의견을 물어 6곳의 후보지가 나왔다. 절대 목표는 가족들 모두 찬성하는지 여부이고, 희망 목표는 1인당 20만 원을 넘지 않는 규모의 여행을 선택하는 것이다.

여행 후보지	만족도	비 용	선 택
속초	8	3	
부산	8	4	
제주도	5	1	
설악산	6	3	
남해 낚시	8	5	
영화 관람 식사	1	5	

절대 목표를 기준으로 하면 여행 후보지로 고려할 수 있는 대안은 속초, 부산, 남해 낚시 등이며, 이 중 희망 목표인 20만 원을 충족하는지를 수치로 계산하여 최적 안을 찾는다. 이때 비용을 모두 충족하면 가중치 5를 주고 비용이 10만 원 추가될 때마다 가중치가 떨어진다면 정량적 평가로도 최적 안을 마련할 수 있다.

그 외에도 대안을 평가할 때는 '의사 결정 나무'와 '시뮬레이션 기법'이 있다. 의사 결정 나무Decision Tree는 데이터를 분석하여 데이터 사이에 존재하는 패턴을 밝혀서 예측할 수 있는 규칙으로 조합하는 것이다. 그 모양새가 나뭇가지와 같아 의사 결정 나무라고 한다. 우리가 마치 질문을 던져 '스무고개'를 하듯 대상의 범위를 점차 줄여가면서 그 답을 유추하는

방식과 같다. 예를 들어 날씨가 좋다, 안 좋다, 바람이 분다, 안 분다, 비가 내린다, 안 내린다 등과 같이 이분법을 사용하여 '날씨가 좋고, 바람이 불지 않고, 비가 내리지 않는 날에는 ○○○을 선택한다'라는 결론에 도달할 수 있다. MBTI 성격 유형 검사도 인간의 유형을 16가지로 분류하는 방식인데, 그 기본 원리는 의사 결정 나무와 유사하다.

의사 결정을 할 때 나무의 분기 수가 증가할수록 데이터에 대한 오분류율이 감소한다. 하지만 일정 수준 이상으로 분기 수가 증가하게 되면 오히려 오분류율이 증가하는 현상이 있다. 의사 결정을 할 때 고려해야 할 목표를 미리 정하고, 분기를 적절하게 나눠서 다양한 대안을 검토하면 좋다.

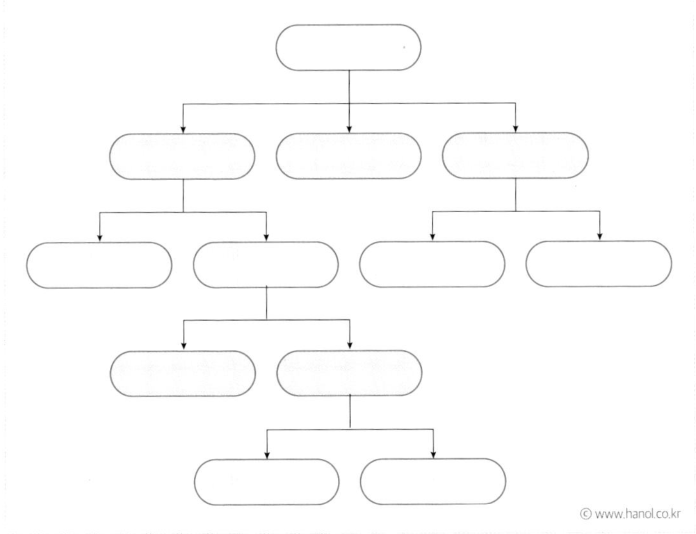

그 외에도 시뮬레이션을 이용한 대안 선정 방법이 있다. 실제와 똑같은 상황을 부여하여 각각의 대안을 실제처럼 구현해 보고 그 결과를 평가하는 것이다. 선정 기준이 너무 많고 복잡하거나 목표가 서로 상충할 때, 상황을 규정하는 변수들이 규칙적이지 않을 때 주로 사용할 수 있다. 예를 들어 비행기 조종사의 훈련 방법에서 시뮬레이션 기법을 활용한다. 풍속에 따라 비, 우박, 안개, 기압 등의 기후를 다양하게 설정하여 실제와 유사한 경험을 하도록 한다. 각각의 요인이 변화될 때 조종사가 어떻게 이에 대처할 것인지에 대한 연습을 할 수 있다. 내외적 상황 변화를 다 통제할 수 없거나 매우 불규칙적인 상황 속에서 의사 결정을 해야 한다면 시뮬레이션 기법이 필요하다.

그 외에도 비용이나 위험 부담이 너무 큰 경우에도 시뮬레이션 기법이 활용된다. 예를 들어 물류 센터를 새롭게 설계할 때 자동화 시스템을 어떻게 도입할지를 고민하게 된다. 이 경우에도 여러 가지 설계 도면을 그려서 시뮬레이션 기법을 활용한다. 각 물류의 동선을 계산하고 물류의 종류에 따라 보관과 처리 방법이 어떻게 달라지는지를 미리 확인할 수 있다. 보행자 도로의 서비스 수준을 판단할 때도 평가 지표 안을 미리 마련해 놓고 시간 소요와 경제적 부담이라는 요인을 두고 보행자의 미시적 경로를 파악해야 한다. 교통류 분석 프로그램을 활용하여 네트워크를 구축하여 시뮬레이션 기법을 활용한다.

해결책 선정에 대한 예를 들어보자. 우리나라는 수년 전 이미 국내 1인당 플라스틱 쓰레기 배출량이 세계 3위를 차지한 바 있다. 코로나바이러스로 이후 마스크 사용을 비롯하여 다양한 플라스틱 용기 사용이 엄청나게 늘었다. '플라스틱 쓰레기를 어떻게 처리할 것인가?'라는 질문과 함께 상황을 분석해 보자. 먼저 현재 상황을 면밀하게 살피기 위해 다양한 질문을 할 수 있다.

상황 분석 단계

- 코로나바이러스 출현 이후로 왜 플라스틱 쓰레기가 늘어났는가?
- 플라스틱 쓰레기가 눈에 띄게 늘어난 지역이나 장소가 있는가?
- 어떤 종류의 플라스틱 쓰레기가 가장 많이 생겨났는가?
- 사람들이 플라스틱 쓰레기를 현재 어떻게 처리하고 있는가?
- 현재 늘어난 플라스틱 쓰레기로 인해 어떤 불편함이 있는가?
- 플라스틱 쓰레기 처리 비용이 얼마나 드는가? 현재는 비용을 얼마나 사용하고 있는가?
- 쓰레기를 처리할 수 있는 비용을 어떻게 마련할 것인가?

문제 정의 단계

이러한 질문의 답을 찾기 위해 다양한 정보를 수집할 필요가 있다. 신문 기사, 논문, 잡지 등을 찾아서 플라스틱 쓰레기와 관련된 자료를 수집해 본다. 실제 설문 조사의 내용을 찾아보면 물티슈, 일회용 마스크, 비닐봉투, 생수통, 플라스틱 컵, 음식 용기 등의 순서로 쓰이고 있다.

단 계	내 용
문제 정의	• 플라스틱 쓰레기가 늘어난 이유는 무엇인가? • 가장 중요한 원인 요소는 무엇인가? ☞ 사업체의 과대 포장과 과다 사용

플라스틱 쓰레기가 증가한 주된 원인은 '사업체의 과대 포장과 과다 사용'이라고 한다. 이에 따라 원인 요소 제거, 즉 목표 설정을 할 수 있다. 비대면 상황이 많이 생겨나면서 배달업이 성행하고 이에 따라 플라스틱 쓰레기가 기하급수적으로 증가했다. 사람들이 쓰레기 처리 비용에 대해 상당히 고민하고 있으며 환경 오염의 문제도 매우 심각하다.

목표 설정과 해결책 선정

'업체의 과대 포장, 플라스틱 과다 사용을 줄이자'라고 목표 설정을 할 수 있다. 업체의 과대 포장, 플라스틱 과다 사용 실태를 파악하고, 그로 인해 발생하는 환경 문제, 건강 문제 등을 조사해야 한다.

단 계	내 용
목표 설정	• 과대 포장, 플라스틱 과다 사용을 줄이는 방법 찾기
해결책 선정	• 용기를 준비해서 음식 포장하기 • 업체에서 포장 용기 다시 수거하기 • 과대 포장을 막는 규정 만들기 • 포장 용기에 보증금 제도 도입하기 • 무포장 점포 늘리기 • 플라스틱 재활용하기

제시한 것 이외에도 더 다양한 의견이 나올 수 있다. 해결책을 선정할 때는 정성적, 정량적 평가로 선정해야 하며, 구체적인 실현 방법까지 충분히 검토해야 한다. 아무리 훌륭한 해결책도 실행 단계에서 현실적인 실현 방안이 없다면 문제 해결은 종료되지 않는다.

만약 '플라스틱 쓰레기를 재활용하자'라는 해결책이 선정되었다면 '재활용'의 범위를 어디까지 허용할 것인지 합의가 필요하다. 그 범위를 충분히 검토하지 않으면 구체적인 실행 방법을 구현하기 어렵다. 이후 '재활용 방법'에 대한 각종 아이디어를 모아서 단계별로 다시 정리해 볼 수 있다.

단 계	내 용
문제 정의	• 플라스틱 쓰레기를 모아서 재활용할 수 없을까? ☞ 제로 플라스틱 운동을 적극적으로 홍보해야 함
목표 설정	• 플라스틱 프리페어 행사에 대한 다양한 아이디어 수집하기(플라스틱 프리페어 주체 기관, 기간, 참여자 등과 관련된 의견 구체화하기)
해결책 선정	• 플라스틱 물티슈 대신 손수건 만들기 • 플라스틱 병뚜껑으로 열쇠고리로 만들기 • 무인 반납함을 개발하여 플라스틱 용기 수거하기 • 플로깅(걸어다니면서 휴지 줍기)을 정기적으로 열어 지역 사회 주민들의 인식 바꾸기

플라스틱 프리페어 행사는 하나의 사례일 뿐이다. 플라스틱 쓰레기를 줄이는 다양한 방법을 마련해 보고 각 대안을 상황에 맞게 평가하여 최적의 안을 마련해 보자.

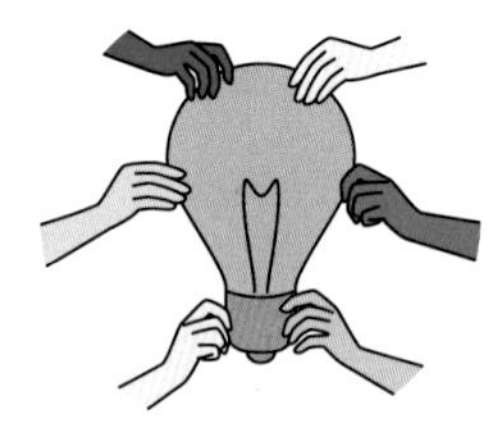

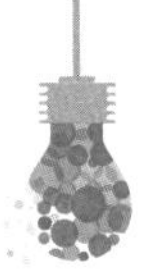

실행과 피드백 - 사후 대책 마련하기

의사 결정 과정에서 최적의 안을 선정했다면 바로 실행에 옮겨야 한다. 실행에 대한 세부 계획을 세워서 실천하는 것이 필요한데, 실천 계획이 구체적이면 그 결과를 예측할 수 있기 때문이다. 실행 후에는 반드시 피드백이 있어야 한다. 문제 해결의 성공과 실패 여부를 피드백으로 확인하고, 실패했다면 사후 대책을 마련할 수밖에 없다.

단 계	활 동	활동 내용
실행과 피드백 단계	• 성공, 또는 실패 평가하기 • 사후 대책 마련하기	• 실행에 대한 세부 계획 수립 • 세부 계획 중 나타날 잠재적 문제 파악하기 • 결과에 대한 긍정적, 부정적 피드백 확인하기

의사 결정 그 자체를 문제 해결로 오해해서는 안 된다. 의사 결정 후에 그것을 실행하여 얻은 결과까지 분석할 때 비로소 문제 해결의 5단계가 종료된다. 그 결과에 따라 문제 해결의 단계를 다시 시

작해야 할 수도 있다.

실행 계획을 수립할 때에는 ❶ 실행해야 할 과업이 무엇인지 ❷ 실행을 지원할 부서, 책임자가 누구인지를 선정해야 하며 ❸ 실행에 필요한 시간적, 물질적 자원을 확보하고 ❹ 일어날 수 있는 위험 요소나 잠재적 문제를 대비할 필요가 있다. 여기서 '시간적, 물질적 자원'은 실행 계획을 통제할 기준이 되기도 한다. 자원이 부족하다면 실행 그 자체가 이루어지지 않고 실행 과정에서 어떤 선택을 할 때는 주어진 자원 내에서 결정해야 하기 때문이다.

사후 대책을 세울 때도 외적 요인과 내적 요인을 모두 고려해야 한다. 외적 요인은 정치, 경제, 기술 혁신 등의 사회적 요인과 천재지변과 같은 통제가 불가능한 요인이 있다. 내적 요인에는 개인의 능력이나 실수, 부주의 등이 있다. 시간이나 자원 부족은 외적 요인이 될 수도 있고 내적 요인으로 작용할 수도 있다. 예를 들어 30년 전통의 국숫집이 있는데, 코로나바이러스 확산으로 가게를 운영할 수 없게 되었다. 만약 가게 주인이 배달 앱을 활용하여 음식을 판매하는 방법을 선택했다면 외적 요인을 내적 요인으로 극복한 사례가 될 수도 있다.

최적의 안을 선택하고 실행에 옮겼을지라도 문제가 해결되지 않았다면 다른 대안을 다시 선택하여 실행에 옮길 수 있는 사후 대책을 마련해야 한다. 사후 대책은 문제 해결의 여러 단계에 나타날 수 있고, 실행 과정에 새롭게 등장하기도 한다. 이를 '잠재적 문제'라고 하며 외적, 내적 요인을 분석하여 그 내용을 구체적으로 기술할 수 있다.

심도 \ 빈도	저빈도	고빈도
저심도	보유	개선
고심도	공유	회피

잠재적 문제를 처리하는 방법에는 손실 빈도frequence가 있고, 심도severity에 따라서 회피, 개선, 공유, 보유 등으로 나눌 수 있다. 회피는 앞으로 발생할 수 있는 손실이나 위험 부담이 너무 크고 자주 일어난다고 예상될 때 문제 해결, 그 자체를 철회하는 것이다. 새로운 시스템을 도입하고 싶지만, 그것을 도입했을 때 나타날 문제를 예측할 수 없고, 피해의 규모가 너무 크다면 시도 자체를 포기하게 된다. 건물을 설계할 때 건설 사업 관리자가 새로운 시스템 도입을 원하는 설계 대안을 처음부터 받아들이지 않을 수도 있다. 또 입찰 단계에서 특정 공사에 낙찰되더라도 일어날 잠재적 문제가 감당할 수 있는 범위를 넘어선다면 입찰 참여 자체를 포기하거나 혹은 다른 집단에 넘길 수도 있다.

만약 잠재적 문제가 자주 발생할 수 있지만, 그 심각도가 낮다면 개선하는 방법을 선택할 수 있다. 만일의 사태를 대비하여 위험 부담이 없는 협정을 맺거나 보상 조항을 넣어 일을 진행하는 것이다. E 마트에서 와인 판매를 할 때 E 마트 회사, 와인 판매 직원, 와인 판매 회사, 와인 판매 영업자, 진열대 설계, E 마트 전체 설계자와 자재업자 등 복잡한 관계가 얽혀 있다. 와인 회사가 독립된 상점을 취하지 않고 E 마트에서 진열대를 따로 설치한 후 판매한다면 마트와의 계약을 우선적으로 체결해야 한다. 이때 회사 측은 마트에서 와인을 판매할 때 발생하는 잠재적 문제를 분석하고 위험 요소를 최소화할 수 있도록 조건을 제시해야 한다. 소요되는 비용과 남아 있는 위험 요소까지 다 계획한 후 비로소 계약이 체결될 것이다.

발생할 수 있는 잠재적 문제를 일부 조직과 공유하면서 일을 진행할 수도 있다. 예를 들어 제품 개발을 할 때 제조 또는 고객 서비스 기능을 제3자에게 아웃소싱Outsourcing하는 경우가 있다. 1980년대 후반 미국의 기업이 제조업 분야에서 생산, 유통, 용역 등의 업무 중 일부를 외부에 위탁하여 경영의 효율을 극대화했던 방식이다. 기업의 내부 조직으로 운영했을 때보다 다른 곳에 위탁했을 때 비용이 절감된다면 선택하는 방법이다. 기업에서 처음 사용한 용어이지만, 오늘날에는 과학기술이나 지식, 물류, 마케팅 등의 다양한 분야에서도 활용되고 있다. 빈도가 낮지만, 감당하기 어려운 수준의 잠재적 문제가 발생한다면 이와 같이 처리할 수 있다.

마지막으로 보유는 잠재적 문제를 이미 알고 있지만, 현재 상태를 그대로 유지하는 것이다. 회피하거나 개선할 수 없을 때, 혹은 발생 가능성이 희박하거나 발생하더라도 자체적으로 이를 감당할 수 있을 때 선택할 수 있다.

단 계	활 동	활동 내용
상황 분석 단계	• 현황 파악하기 • 질문 나열과 분류하기 • 기준에 따라 우선순위 선정	• 최대한 많이 질문하기 • 드러난 현상과 드러나지 않은 현상 구별하기
문제 정의 단계	• 정보 수집하기 • 현상(증세)과 문제 구별하기 • 문제의 원인 찾기	• 직접 관찰하기 • 면담하기 • 설문 조사하기 • 문헌(자료) 조사하기
목표 설정 단계	• 원인 요소 나열하기 • 원인 요소 제거 방법 찾기	• 주된 목표, 세부 목표 구별 • 절대 목표, 희망 목표 구별 • 정성적 평가, 정량적 평가
해결안 선정 단계	• 대안 선정하기	• 다양한 대안 마련하기 • 기준(목표)에 따라 각각의 대안 평가하기 • '최적의 안' 선정하기 (문제 해결 후 '해결안')
실행과 피드백 단계	• 성공 또는 실패 평가하기 • 사후 대책 마련하기	• 실행에 대한 세부 계획 수립 • 세부 계획 중 나타날 잠재적 문제 파악하기 • 결과에 대한 긍정적, 부정적 피드백 확인하기

문제 해결의 5단계를 적용해서 다음 사례를 분석해 보자. 실용음악과를 진학하고 싶은 예술 고등학교 3학년 학생인 D의 이야기이다. 중학교부터 아르바이트를 열심히 해서 목돈을 마련했다. 코로나 바이러스의 확산으로 등교가 불가능해지면서 D 학생은 어머니에게 금전적 도움을 받아서 배달업을 시작했다. 어머니 이름으로 사업자 등록을 하고, 어머니와 둘이서 음식점을 운영하고 있다. 낮에는 어

머니께서 가게 준비를 하고, D 학생은 방과 후에 주문을 받아서 음식을 만들고 배달을 했다. 대부분의 배달은 앱을 통해서 들어오기 때문에 직접 배달하는 일은 거의 없었다. D 학생은 배달이 들어오지 않는 시간을 활용해서 가게에서 노래 연습을 하고 있다. 어머니는 D 학생에게 실용음악과로 진학하라고 했지만, D는 현재 일을 그만둘 생각이 없다. 오히려 배달업을 계속하면서 노래 연습도 병행할 수 있어서 만족했다. D 학생은 배달업을 지금보다 더 열심히 해서 어머니께 빌린 창업 비용을 8개월 이내에 갚겠다고 마음먹었다.

과연 D 학생은 어떤 선택을 해야 할까? 혹은 D 학생이 처한 문제를 어떻게 해결해야 할까? 상황 분석을 하면서 일의 우선순위를 정해야 한다. D가 고등학교 3학년이라는 특수성을 고려한다면 대학 진학이 더 시급한 일이 될 수도 있고, 사업을 통해 수익을 올리는 것을 더 중요하게 여긴다면 사업을 당장 접을 수는 없다. D 학생은 돈도 계속 벌고 대학 진학도 원하는 전공으로 잘하고 싶다. 상황 분석을 위해 다양한 질문들을 해보자.

- 가게가 크게 번창한다면 학업을 포기할 수 있나?
- 대학을 지금과 멀리 떨어진 곳으로 간다면 가게를 계속할 수 있나?
- 일과 대학 진학 중에서 어떤 것을 더 하고 싶은가?
- 향후 군대를 가야 할 텐데 그때 가게는 어떻게 할 것인가?
- 일을 늦게까지 하느라 체력적으로 힘들 텐데, 현재 학업 성취 수준은 어느 정도인가?

- 오전에는 학업, 오후에는 일을 해야 하는데, 체력 관리는 어떻게 하고 있나?
- 실용 음악 학원을 다닌 적이 있는가? 현재 입시를 위해 어떤 노력을 하고 있나?
- 돈은 얼마까지 모으고 싶은가?
- 현재 운영하는 가게의 월 매출은 얼마인가?
- 현재 운영하는 가게는 월세가 얼마인가?
- 배달 음식의 레시피는 어떻게 배웠는가?
- 사업자 등록을 해주신 어머니에게 한 달에 얼마를 드리는가?
- 학업과 사업을 병행하는데, 학교생활은 어떤가?
- 학교 친구들이 많은가? 친구들이 본인에게 뭐라고 조언하나?

D 학생의 상황 분석을 위해 다양한 질문을 생각해 볼 수 있다. 질문을 대학 진학, 사업 관련, 돈비용, 수입 관련, 학교생활 관련, 기타 등으로 나눌 수 있다. 이렇게 질문을 분류하고 질문의 내용을 세분화했다면 가장 우선순위가 무엇인지를 결정하게 된다. 고등학교 3학년이고 곧 입시를 치러야 한다면 사업보다는 '진학'이 더 긴급하고 시급한 과제가 된다.

당장 올해에 입시를 치러야 하기에 시험과 음악 실기가 얼마 남지 않은 상황을 고려해 본다면, 이와 관련된 질문만 다시 선택해 볼 수 있다.

- 노래로 대학을 진학할 수 있나? 수능이 얼마나 남았는가?
- 현재 연습 시간은 얼마나 되나?
- 현재 상태에서 배달업과 노래 연습을 병행할 수 있나?
- 어느 수준으로 연습을 해야 대학에 합격할 수 있나?
- 시간을 얼마나 확보할 수 있나?
- 진학에 실패하면 재도전할 것인가?

D 학생에게 가장 시급한 문제는 '진학'이다. 진학을 위해 열심히 노래 연습을 하고 학업에 집중해야 하지만, 연습할 수 있는 시간적 여유가 거의 없다. 배달업을 당분간 그만둘 수 없는 형편이라면 아르바이트생을 구하거나 어머니의 도움을 요청하고 남은 기간은 입시를 위한 연습에 주력해야 한다.

문제를 올바르게 인식하기 위해 D 학생과의 인터뷰, 부모님, 주변 친구들, 학교 선생님, 가게 이웃, 고객 등을 만나야 한다. 현장을 직접 방문하여 실제 무슨 일이 일어나는지 관찰하거나 관련 자료들을 조사하고 분석하여 객관적 요인을 찾아야 한다. 혹은 대상자가 명확하지만 직접 만나기 어렵거나 규모가 큰 경우에는 설문 조사를 할 수 있다.

원인 요소가 한 가지일 수도, 혹은 여러 가지일 수도 있다. D 학생의 경우 곧 다가올 입시를 대비할 '시간 부족'이 문제가 될 수 있다. 시간 부족의 원인 요소가 여러 가지이지만, 우선 드러나는 원인 요소는 방과 후에 운영하는 배달업이다. 낮에는 학교생활을 하고 밤에는 장사하느라 잠자는 시간도 부족하며 연습할 수 있는 시간도 부족하다. 결국 문제 해결의 2단계인 문제 정의를 '입시를 준비하는데 필요한 시간을 확보하라'로 선정했다면 이후는 어떻게 문제 해결을 정리할 수 있을까? '창의적 사고와 문제 해결하기 – 활동 ①'에서 남은 부분을 정리해 보자.

D 학생에게 향후 발생할 수 있는 문제는 무엇인가? 입시에도 성공하고 배달업도 잘될 수 있지만, 그 반대의 경우도 생각해 볼 수 있다. 아르바이트생과 어머니께 사업을 맡겨두고 연습에 매진했지만, 대입에 실패할 수도 있다. 또는 입시에 실패했지만, 사업에 성공할 수도 있고, 입시에 성공했지만 외적 요인(경쟁업체가 생기거나 유사 업종 포화 상태로 장사가 안 됨)으로 폐업을 해야 할 수도 있다. 상황마다 일어날 수 있는 잠재적 문제(일어날 일, 일어나지 않을 일)를 열거해 보고, 그 특성에 따라 저심도, 고심도, 저빈도, 고빈도에 따라서 분류하는 연습도 해보자.

창의적 사고로 문제 해결하기 활동 1

❶ 다음은 2007년 7월 27일에 새롭게 개정된 <국기에 대한 맹세문>이다. 1972년부터 사용되었던 것과 비교해 보고, 변경 과정을 문제 해결의 5단계에 맞게 정리해 보자.

1972년		2007년
나는 자랑스런 태극기 앞에 조국과 민족의 무궁한 영광을 위하여 몸과 마음을 바쳐 충성을 다할 것을 굳게 다짐합니다.	→	나는 자랑스러운 태극기 앞에 자유롭고 정의로운 대한민국의 무궁한 영광을 위하여 충성을 다할 것을 굳게 다짐합니다.

단 계	분 석
상황 분석	
문제 정의	
목표 설정	
해결책 선정	
실행과 피드백	

❷ 고등학교 3학년인 D의 이야기를 듣고 '문제 정의'를 아래와 같이 했다. 문제 해결의 단계에 맞게 내용을 분석해 보자.

단 계	내 용
문제 정의	• 입시를 준비할 시간이 부족함
목표 설정	• 배달업에 투자하는 시간 줄이기 • (잠을 줄이거나 학교생활 시간을 줄일 수 없음)
해결안 선정	• 어머니께 가게를 맡기고 아르바이트생을 고용함
실행과 피드백	

❸ 학생에게 일어날 수 있는 잠재적 문제를 정리해 보고 그것을 분류해 보자.

잠재적 문제	내 용
일어난 일	예) 시험에 합격하고 배달업도 잘됨
일어나지 않은 일	
비고	

❹ 최근 '플라스틱 쓰레기의 처리'를 다루는 기사나 논문이 많아졌다. 그 심각성을 사람들에게 알리는 한편, 플라스틱 쓰레기를 재활용할 수 있는 방법에 대해 논의하고자 한다. 문제 해결의 5단계에 맞게 아래 표를 완성해 보자.

단 계	활동 내용
문제 정의	플라스틱 쓰레기를 모아서 재활용할 수 없을까? ··➔
목표 설정	
해결책 선정	

❺ 폐쇄적 의사 결정과 개방적 의사 결정의 사례를 우리 주변의 사건이나 현상에서 찾아보자.

창의적 사고로 문제 해결하기 활동 2

❶ 다음은 서울시 교육청의 <서울특별시 학생인권조례>의 일부이다. 조례 중 일부를 수정하려고 한다. 어떤 부분을 수정해야 할지 선정하고 그 대안을 마련해 보자.

제13조(사생활의 자유) ① 학생은 소지품과 사적 기록물, 사적 공간, 사적 관계 등 사생활의 자유와 비밀이 침해되거나 감시받지 않을 권리를 가진다.

② 교직원은 학생과 교직원의 안전을 위하여 긴급한 필요가 있는 경우가 아니면 학생의 동의 없이 소지품을 검사하거나 압수하여서는 아니 된다. 불가피하게 학생의 소지품 검사를 하는 경우에는 최소한의 범위로 한정되어야 하며, 불특정 다수의 학생을 대상으로 하는 일괄 검사 또는 검사의 목적물을 소지하고 있을 것이라는 합리적인 의심이 없는 학생을 대상으로 하는 검사를 하여서는 아니 된다.

③ 교직원은 학생의 동의 없이 일기장이나 개인 수첩 등 학생의

사적인 기록물을 열람하지 않는 것을 원칙으로 한다.

④ 학교의 장 및 교직원은 학생의 휴대폰을 비롯한 전자 기기의 소지 및 사용 자체를 금지하여서는 아니 된다. 다만, 교육 활동과 학생들의 수업권을 보장하기 위해 제19조에 따라 학생이 그 제정 및 개정에 참여한 학교 규칙으로 학생의 전자 기기의 사용 및 소지의 시간과 장소를 규제할 수 있다.

⑤ 학교장 및 교직원은 다른 방법으로는 안전을 관리하기 어려운 경우에 한하여 학교 내에 폐쇄 회로 텔레비전(CCTV)을 설치할 수 있다. 다만, 설치 여부나 설치 장소에 관하여 미리 학생의 의견을 수렴하여 반영해야 하며 설치 후에는 설치 장소를 누구나 쉽게 알 수 있게 표시하여야 한다.

⑥ 학생은 자기가 원하는 인간관계를 형성하고 그 관계를 존중받을 권리를 가진다.

❷ 다음 상황을 읽고, C 씨가 학원 운영을 계속할 것인지 아닌지를 고려해 보고 이에 맞는 의사 결정 나무를 만들어 보자.

C 씨는 상가 건물 3층에 있는 국어 학원을 인수했다. 영어나 수학 학원에 비해 수요는 적지만, 학원 앞에 여러 개의 학교가 있어서 학생들이 어느 정도는 유지될 수 있는 규모였다. 학원을 시작한 지 얼마 되지 않아서 코로나바이러스의 확산으로 대면 수업을 할 수 없게 되었다. 수강생도 줄어들고 기존의 수강생도 온라인으로 수업하면서 C 씨는 종일 상가 건물에 혼자 있어야 했다.

C 씨는 예전부터 식물 키우기를 좋아했고, 우연한 기회에 몇 가지 희귀 식물을 선물 받아서 키우게 되었다. 인터넷 동호회에 가입도 하면서 식물 키우기에 대한 노하우도 배우게 되었다. 식물을 잘 키우면서 자연스럽게 식물 분양을 하게 되어 수익이 생겨났다. 코로나바이러스 확산으로 사람들이 집에 머무는 시간이 많아지면서 식물 키우기에 대한 관심이 커졌다. 그는 스마트 스토어를 열어서 자신이 키운 식물을 판매하게 되었고, 학원 수익보다 더 많은 수익을 올렸다. 학원의 위치가 햇볕이 잘 드는 3층이었기에 식물이 자라기 좋은 환경이었다. 학생들이 없는 조용한 공간이라서 식물 키우기에 매우 적절했지만, 만약 식물의 종류를 더 늘리거나 판매를 이전보다 적극적으로 하려면 현재의 공간으로는 불가능했다.

코로나바이러스가 어느 정도 종식되면서 학생들이 다시 대면 수업을 받으러 학원에 나오기 시작했다. 학생들이 수업을 듣는 공간과 희귀 식물을 키우는 공간이 공유될 수 없는 상황이었다. C 씨는 과연 어떻게 해야 할까? 학원을 유지할 것인지, 스마트 스토어를 더 키울 것인지를 두고 갈등하기에 이르렀다.

창의적 사고와
문제 해결

PART 5

방해 요인 극복하기

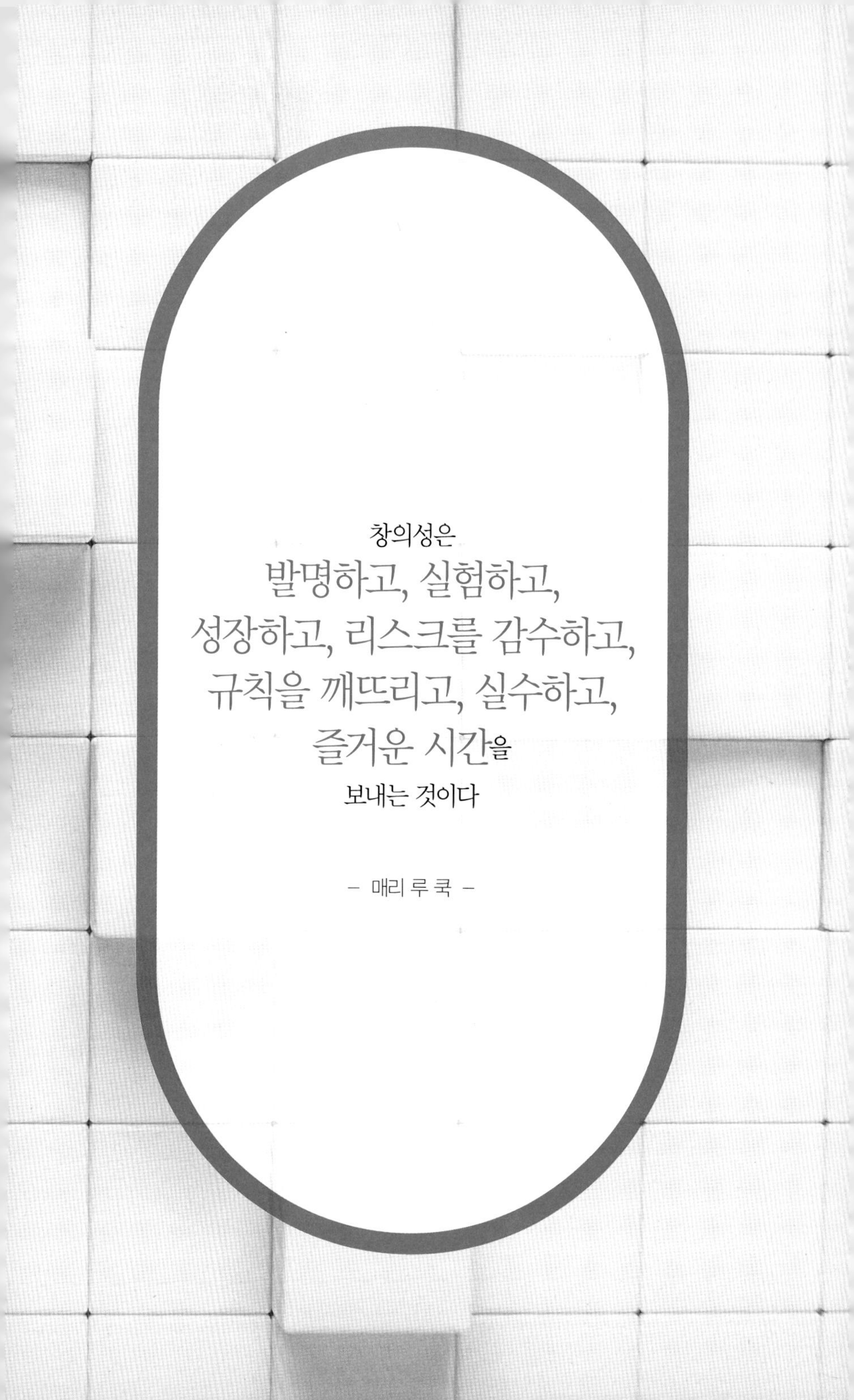
창의성은
발명하고, 실험하고,
성장하고, 리스크를 감수하고,
규칙을 깨뜨리고, 실수하고,
즐거운 시간을
보내는 것이다
– 매리 루 쿡 –

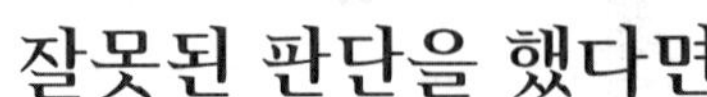

잘못된 판단을 했다면

창의적 사고로 문제 해결을 시도했으나 5단계가 올바르게 작동하지 못하는 경우가 있다. 이때에는 가장 먼저 세 가지를 질문할 수 있다.

❶ 이상과 현실의 차이를 인식하고 진행했는가?

❷ 문제 해결의 단계를 순차적이고 논리적으로 운영했는가?

❸ 당사자와 관련자, 조직 차원에서 사태를 동일하게 인식했는가?

해당 질문에 대한 답을 찾지 못했다면 문제 해결 5단계를 복기復棋하면서 단계를 별도로 더 세분화하는 작업을 해야 한다. 문제 해결을 방해하는 다양한 요인 중에서 마지막 질문과 관련된 이야기를 더 구체적으로 해보자.

온라인에서 화제가 된 '코뿔소 화가의 그림'이 있다. 코뿔소 화가가 그린 풍경화가 전시되었는데, 그 모든 그림에는 항상 가운데 코

뿔소의 코가 커다랗게 자리 잡고 있었다. 코뿔소의 입장에서는 어떤 사물을 보더라도 자신의 코가 모든 시야를 가로막아 그림을 그렇게 그릴 수밖에 없다. 우리는 코뿔소 화가의 그림이 무엇이 잘못되었는지 금방 알아차릴 수 있지만, 코뿔소는 늘 그렇게 사물을 바라보고 있었기 때문에 자기 그림이 이상하다는 것을 눈치채지 못한다.

문제 해결을 단계별로 분석해 보지만 문제가 해결되지 않는 경우, 가장 먼저 그 이유를 문제 해결의 주체자 혹은 관련자에게서 찾을 수 있다. 그들이 지닌 시각의 한계, 동일한 사태를 전혀 다르게 바라보는 것에서 비롯되기도 하기 때문이다. 인간은 누구나 자신만의 경험을 토대로 세계관을 형성하는데, 그것이 다른 사람에게는 선입견,

편견, 무지 등으로 작용할 수 있다. 문제 해결도 이와 마찬가지이다. 문제를 객관적으로 바라보는 능력이 부족하다면 우리는 사태를 정확하게 이해하지 못하여 잘못된 상황 판단을 하거나 문제 정의를 잘못하기도 한다.

영화 「국가 부도의 날」에서는 1997년 대한민국의 상황을 여실히 보여주고 있다. 당시 대한민국은 국가 경쟁력 1위로 선발되면서 '아시아의 네 마리 용'이라는 명성을 얻었을 만큼 최고의 경제 호황을 맞이하고 있었다. 그러나 외부적 평가와 달리 내부적으로는 조금씩 균열이 생기기 시작했다. 앞으로 다가올 엄청난 경제 위기가 드러나고 있었고 몇몇 사람들이 정부에 이를 보고했지만, 당시 관료들은 이를 철저히 무시했다. 영화 「국가 부도의 날」은 이러한 상황을 다루고 있다.

일부 대기업에서 부도가 나고 국내의 외환이 빠져나게 되면서 결국 정부는 1997년 IMF에 구제 금융을 요청했고, 550억 달러 긴급 지원을 받게 되었다. 국가 부도라는 초유의 사태가 일어나게 된 것이다. IMF 사태를 겪기 직전의 정부와 정부 관계자, 중앙은행 운영 및 관리자, 외국 인사들은 서로 다른 입장에서 동일한 사태를 다르게 해석하기도 했다. 물론 IMF가 일어난 배경에 대해 오늘날 많은 학자마다 조금씩 입장이 다르지만, 국내 경제 구조의 문제를 강조하거나 단기간에 외국 자본이 빠져나간 국제 금융 상황을 주된 원인으로 보고 있다. 무엇보다도 당시 관계자들은 국가가 부도나는 일이 절대 일어나지 않을 것이라고 확신하면서 당면한 현실에 대해 안이 한 태도를 취했다.

우리가 처한 현실을 제대로 보지 못하거나 상황을 정확하게 분석하지 못한다면 문제 해결은 잘 이루어지지 않는다. 또 상황을 바르게 이해하지 못하고 오판誤判하는 경우가 많다. 예를 들어 한국의 교육 현상에서 발생하는 많은 문제 중 대부분은 교육에 대한 잘못된 인식이나 교육을 계층 사다리, 출세의 수단으로만 여기는 결과지상주의에서 비롯된 것이다. 그런데 문제의 본질을 보지 않고 정권이 바뀌거나 정부 관계자가 교체되면 교육 문제를 거론해 결국 입시 제도만 바꾸고 있다. 이것은 잘못된 문제 정의, 즉 문제의 원인 요소를 올바르게 찾지 못하는 것에서 비롯된 것이다. 인간의 판단 기준은 늘 변화하기도 하고 주변 환경에 따라 상대적이기도 하여 스스로의 한계에 부딪히기도 한다. 특히 상대에 대한 적의를 품고 있거나 경쟁 관계가 팽배한 집단에서는 주어진 메시지를 곡해하거나 자신에게 유리한 쪽으로 해석하기도 한다.

문제 해결의 가장 큰 방해 요소는 바로 인적 요인이다. 문제 해결의 당사자, 참여자, 주변 관계자들의 선입견이나 편견, 구성원이 가진 지식, 편견, 판단 기준, 경험, 가치관 등에서 문제가 발생한다. 조직의 구조적 요인도 있다. 자신이 몸담은 조직의 규모나 성격, 인간관계의 구조에 따라서 판단하는 방법이 달라질 수 있다.

예를 들어 조직이 매우 세분화되었거나 전문화가 심한 경우, 자신이 속한 곳이 아닌 다른 조직을 잘 이해하지 못하기에 오판할 수 있다. 생산 관리 책임자가 기존 제품에 대해 원가 절감이라는 목표를 세웠다면 영업부 관리자와 갈등이 생길 수 있다. 영업부 관리자는 다양한 제품을 적기에 공급하기를 원하는데, 원가 절감으로 제품의 품질이 떨어질 수도 있다고 생각한다. 회사의 이익을 위해 원가 절감도 중요하지만, 새로운 제품을 출시하기 원하거나 개발하기를 원하는 부서에서는 이를 반대할 수도 있다.

또 비밀 유지가 아주 중요한 조직의 경우 제한된 정보로만 상황을 판단해야 한다. 그 외에는 사회 문화적 요인이라고 하는 언어, 환경, 세계 정세, 정치, 문화적 상황에 따라 다른 판단을 할 수도 있다.

대안을 찾지 못했다면

피렌체 대성당이 오랫동안 완성되지 못했던 이유를 생각해 보자. 처음 계획했던 것보다 공사 규모가 점차 커져서 당시 피렌체에 있는 기술로는 무겁고 큰 홍예를 감당하면서 지붕을 올릴 방법이 없었기 때문이다. 즉, 기술력의 부족이 문제를 해결하는 가장 큰 방해 요인이었다. 방해 요인을 크게 두 가지로 나누어 본다면 아래와 같다.

- 개인적 요인: 개인의 능력 부족, 흥미나 관심, 기술력의 부족, 시간, 돈 등의 문제
- 사회적 요인: 후원자가 사라짐, 전쟁, 정치적 환경 변화 등 고딕 양식의 유행이 지남, 새로운 양식을 찾고자 하는 정치 경제 구조의 변화

그 외에 흑사병, 홍수, 각종 질병 등의 천재지변도 매우 큰 방해 요인이었다. 2020년 1학기 수업을 준비하는 교수자가 새로운 과목을

개설해 대면 수업 및 팀 프로젝트로 진행하는 교수-학습 방법을 구상해 두었으나 코로나바이러스의 확산으로 모든 수업이 비대면으로 진행되었다. 이 경우에도 천재지변이 가장 큰 방해 요인이 되었다.

코로나바이러스 확산으로 경제 활동에 많은 제약이 생겼고, 생활고를 겪는 사람들도 많이 생겼다. 정부에서는 긴급재난지원금을 지급하기 위해 추가 경정 예산안을 편성했고, 정부에서는 지원 대상을 놓고 전 국민을 대상으로 해야 할지, 차등 지급을 해야 할지, 일부만 지급할 것인지에 대해 논의했다. 전 국민을 대상으로 하는 긴급재난지원금은 그 예산의 규모가 너무 컸기에 정부의 입장에서는 매우 무리한 결정이었다. 긴급재난지원금을 제공할 소득 수준을 판단하는 기준을 어떻게 마련하고 합의를 볼 것인지, 이를 담당하는 부서는 어디로 할 것인지 등 여러 가지 문제가 야기되었지만, '긴급'이라는 점 때문에 우선 일괄 지급하기로 결정했다. 돈이 있거나 여유가 있는 가계에는 '기부'라는 선택권을 따로 주는 추가 대책도 세웠다. 이 경우는 시간적 제약으로 충분한 대안을 상정하지 못한 사례에 해당한다.

또 대안이 있다고 할지라도 각 대안을 올바른 기준으로 평가하지 못하면 문제 해결이 제대로 이루어지지 않는다. 대안을 평가할 때에는 그 효과성을 극대화할 수 있는 객관적 판단이 선행되어야 한다. 그러나 많은 부분에서 시간적, 자원적 제약으로 인해 모든 대안을 다 검토하고 평가할 수 없다. 실제로는 대안의 평가와 선택이 거의 한꺼번에 일어나거나 매우 한정된 대안 안에서 선택해야 하는 경우가 더 많다.

가능한 한 모든 대안을 선정하고 평가하려면 현실적으로 많은 제약이 있다. 그래서 한정된 집단만이 의사 결정 과정에 참여하거나 일부 대안만으로 평가하거나 그 분야에 경험이 있는 소수의 의견이 그대로 반영되기도 한다. 일을 진행할 때 늘 해왔던 대로 의사 결정을 하는 경우도 허다하다.

C 회사의 정보 프로그램을 담당하는 H 팀장은 회사에서 사용하는 보안 프로그램에서 몇 가지 불편한 사항들이 나타났다. 기존에 사용하고 있는 D 프로그램, 새롭게 개발된 F 프로그램은 각각 다른 회사 제품이다. 이 경운 H 팀장은 D 프로그램을 계속 사용할 것인지, 비교적 버거가 없고 새로운 기능이 추가된 F 프로그램을 도입할 것인가를 두고 고민하게 된다. F를 새롭게 도입했을 때 나타날 문제들을 예상할 수 없고, 프로그램을 바꾸는 것에 대한 책임이 두렵다면 기존 프로그램을 그대로 사용할 것이다. 이 경우는 대안이 있지만, 채택하지 않은 사례에 해당한다. 기술적인 개선을 하려면 F 프로그램을 사용해야 하지만, 조직 관리 차원에서는 D를 계속 사용하는 것이다. 관리자가 추구하는 목표가 무엇이냐에 따라 다른 결정을 할 수 있다.

국립국어원에서는 매년 순화어, 즉 다듬은 말 목록을 발표한다. 국립국어원에서는 언중들이 자주 사용하는 외국어를 우리말로 적절하게 바꾸는 작업을 한다. 언중들이 새롭게 바꾼 단어를 일상 속에서 어떻게 사용하는지를 생각해 보자.

실행력이 부족하거나 차후 대책이 없다면

오래전 벨기에에는 레이놀드라는 왕자가 있었고, 그에게는 동생 에드워드가 있었다. 갑작스럽게 부왕이 죽자 동생 에드워드는 왕권을 차지하기 위해 그의 형 레이놀드를 감옥에 가두었다. 하지만 그 감옥은 매우 크고 안락한 공간이었다. 감옥에는 출입문이 없는 대신 보통 사람이라면 드나들 수 있는 정도의 창문이 있었으며, 빗장도 자물쇠도 없었다. 동생은 감옥에 갇힌 형에게 매일 진수성찬과 간식을 풍부하게 주었다. 그리고 동생 에드워드는 형에게 그 방에서 나오면 왕권을 이양하겠다는 약속을 했다. 레이놀드는 감옥에서 나오는 것보다 언제든지 먹을 수 있는 맛있는 음식과 간식을 마음껏 즐겼다. 왕자로서 왕위를 이어받아 나라를 다스릴 의지도, 자기 식욕을 절제할 의지도 없었다. 10년 후에 동생 에드워드가 나라를 지키다 전사하면서 비로소 형 레이놀드는 감옥에서 나오게 되었다. 그러나 감옥에서 나온 뒤 얼마 후에 병들어 사망했다.

실행력이 부족하다면 어떤 일도 성사되기 어렵다. 예화처럼 당사자의 의지와 노력이 문제 해결의 핵심이다. 실행력과 사후 대책이 부족하면 결국 실패로 돌아가기 때문이다. 마지막 단계에서 실패를 많이 경험하는 이유가 이것이기도 하다. 실행력, 즉 당사자의 의지가 충분하다면 비록 부정적인 피드백을 받았을지라도 아이디어 수정과 재도전을 통해 실행될 수 있다.

우리가 일상적으로 사용하는 포스트잇, 그것의 탄생 배경에 대해 알아보자. 3M 연구원인 스펜서 씨는 끈적거리지 않는 접착제를 개발하게 되었지만, 이 접착제는 접착력이 약해서 잘 떨어지는 약점이 있었다. 그는 자신의 새로운 접착제를 세미나에서 발표했으나 아무런 호응을 받지 못했다. 4년 후 같은 회사에 테이프 사업을 담당하는 프라이 씨가 교회 성가대에서 찬송가를 뒤적이다가 찬송가 책 사이에 끼워둔 종이가 떨어지는 것을 발견했다. '종이가 떨어지지 않는다면 얼마나 좋을까?'라고 생각한 순간, 몇 년 전 세미나에서 들었던 발표가 기억이 났다. 종이 뒷면을 풀로 붙이지 않아도 되고, 자유롭게 여기저기에 붙였다 다시 뗄 수 있는 테이프, 그는 이것을 상품으로 출시하기로 결심했다.

이번에도 역시 사람들의 반대가 많았다. 사람들은 이런 류의 물건을 사용해 본 적이 없고 대중의 호응도 사전에 예측할 수 없었기에 상품 출시를 반대하거나 혹은 그 상품의 실패를 예견했다. 프라이 씨는 더욱 연구에 매진해 마침내 1977년 포스트잇을 출시하게 되었다. 초기에는 이 상품이 사람들에게 큰 관심을 받지 못했지만,

시간이 지나면서 점차 사람들의 호응을 얻게 되고, 주문 폭주로 이어졌다. 이것이 오늘날 그 회사의 대표적인 상품이 되었다.

우리는 이 예화를 통해 많은 부분을 생각할 수 있다. 누군가에게는 실패한 아이디어이지만, 또 다른 누군가에게는 매우 중요한 아이디어가 될 수 있다는 것이다. 비록 작고 사소한 것일지라도 개인의 경험이 얼마나 중요한지도 생각해 볼 수 있다.

문제 해결을 위해 자신만의 아주 새로운 방법을 떠올리기도 하지만, 주변의 다양한 아이디어를 열린 마음으로 대하는 자세도 필요하다. 자신의 경험과 유사한 다른 누군가의 경험, 혹은 누군가에게 들은 이야기조차도 자신이 당면한 문제를 해결해줄 수도 있는 것이다. 이 에피소드를 문제 해결의 다섯 단계로 나누어 생각해 보자.

단 계	내 용
상황 분석 단계	• 프라이 씨가 찬송가를 표시하기 위해서 책 사이에 종이를 끼워 둠. 찬송가를 넘길 때마다 종이가 떨어짐
문제 정의 단계	• 찬송가 사이에 끼워둔 종이가 떨어지지 않고 붙어 있도록 고정하는 것을 생각함
목표 설정 단계	• 예전에 회사 아이디어 발표에서 들었던 것이 생각남. 끈적이지 않지만 잘 떨어지는 접착제가 쓸모 있다고 판단함
해결안 선정 단계	• 출시한다 → 해당 상품에 대한 사람들의 수요가 없을 것으로 예상해 반대가 많음 • 출시하지 않는다 → 이런 식의 접착제가 필요한 사람이 분명 있을 것으로 생각함
실행과 피드백 단계	• 출시함 → 반응이 나타남

당사자의 실행 의지가 매우 강했기에 성사된 일이기도 하다. 소개된 에피소드만으로는 그가 어떻게 반대하는 조직원들을 설득했는지 추측하기 어렵다. 대개 조직 내에서 구성원들 간 갈등이 생기면 일이 성사되지 않는다. 의사 결정에 영향을 미치는 것은 구성원 사이의 의견 차이이다. 다양한 이해관계를 이용하여 의사 결정을 이끌어야 하기에 조직원 개인의 입장, 부서의 입장, 회사 전체의 입장은 서로 다를 수 있다. 구성원이 의사 결정 과정에 참여하게 된다면 문제 해결을 위해 의사 결정을 긴박하게 내려야 할 때도 있지만, 문제의 속성 때문에 혹은 문제를 둘러싼 환경 변화 때문에 숙의熟議 과정을 거쳐야 하는 경우도 있다. 상대 구성원이 의도적으로 의사 결정 과정을 방해하거나 의사 결정 집행을 방해할 수 있기 때문이다. 구성원이 의사 결정 과정에 참여하여 자신의 이해에 맞는 문제 정의를 하거나 목표를 설정하는 경우도 있다. 자기 이해에 맞지 않는 다른 생각을 통제하거나 대상을 평가하는 데 필요한 정보를 통제하기도 한다. 전문성이 높거나 비밀 유지가 필수적인 조직일 경우 이런 상황이 자주 벌어지며 합법성이 결여되기도 하다.

때로는 조직에서 결정한 것을 집행하는 데에 방해하기도 한다. 지시나 명령을 고의로 따르지 않거나 태업이나 파업을 통해 진행을 방해할 수 있다. 결정된 내용을 선택적으로 자신에게 유리하게 해석하거나 집행 책임을 회피하기도 한다. 의사 결정자가 시간을 충분히 낼 수 없거나 타인에 의존하여 실행하면 이런 일이 발생하게 된다.

유럽 우주국의 나로호 발사는 실패와 기다림의 역사이다. 나로호는 1차 발사 당시 7번이나 연기됐고, 2차 발사와 3차 발사에서도 한 차례씩 연기했다. 그러나 발사 연기는 나로호만 겪은 특별한 일이 아니다. 우주 개발 선진국인 러시아, 미국도 우주 발사체의 발사 실패를 수차례 경험했다. 발사를 단 1초 앞두고 문제가 감지되면 바로 중단하기도 했고, 기상 악화로 발사 날짜를 여러 차례 미루기도 했다.

유럽 우주국은 러시아, 미국의 사례를 거울삼아 우주선 발사에 매우 신중한 입장이었다. 2006년 2월 21일 '아리안 5'를 발사할 예정이었으나 지상 장비 이상으로 3일 후인 2월 24일로 연기했으며, 다시 위성 회로 이상 여부 확인을 위해 3월 9일로 연기했다. 3월 9일에는 발사 카운트다운이 이미 시작되었지만 발사체 상단의 압력이 떨어져 발사를 중단하고 또 연기해 우주선은 3월 11일에서야 발사했다. 실행 단계 전까지 부정적 피드백을 계속 받았고, 많은 오류를 지속적으로 수정하면서 문제 해결을 완성한 사례이다. 그러나 조직 내의 구성원이 의사 결정을 유보하거나 실행을 방해하는 것이 반드시 부정적인 결과만을 가져다 주는 것은 아니다. 모든 구성원의 실행 의지만 충분하다면 문제 해결의 각 단계를 정확하게 수정할 수 있다.

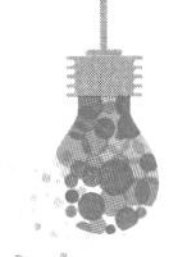

집단 사고의 한계가 드러났다면

집단의식과 집단 사고

인간은 '사회적 동물'이라고 불릴 만큼 집단을 구성하거나 조직을 형성하려는 경향이 강하다. 이것은 인간의 사회적 본능이기도 하다. 인간은 특정한 무리에 속할 때 안정감을 느끼기도 하며, 강한 소속감이나 동질감을 갖기 원하기도 한다. 또 한편으로 인간은 특정 집단에 소속되면서 그 구성원들과 공통된 생각이나 행동을 취하며 집단의식을 가지게 된다. 이는 자신을 타인과 구별하는, 다른 집단과 구별하는 자신의 정체성으로 여기기도 한다. 집단에서 일어나는 다양한 현상을 설명하는 용어 중 '집단 사고group think'에 대해 주목할 필요가 있다. 집단 사고는 사회 심리학에서 자주 사용되는 용어로, 동일한 집단에 속한 사람들이 공유하고 있는 생각, 습관, 가치관, 생활 양식 등에서 비롯된 것으로 집단의식을 형성한다. 이는 집단 속에서 구성원들이 의사 결정을 할 때 동질성을 추구하는 경향에서 비롯된 것이다. 집단 사고, 그 자체는 부정적인 것이 아니지만, 집단 구성원이 결속력과 획일성을 지나치게 강조한다면 위험한 결과를 초래하기도 한다.

1986년 1월 29일 세계 수백만 명의 시청자가 지켜보는 가운데 발사된 미 우주 왕복선 챌린저호는 로켓 부스터의 누출을 막는 고무 오링이 추운 날씨 때문에 갈라지면서 가스가 새어 나와 발사 73초 만에 대서양 상공 15㎞ 지점에서 폭발했다. 챌린저호에 타고 있던 7명의 승무원이 이 사고로 사망했다.

담당 기술자는 추운 날씨에 뻣뻣해진 오링이 기계 부품의 이음매에 기체가 새지 않도록 하는 역할을 하지 못한다고 계속 주장했고, 전날 밤까지도 이를 계속 지적했지만, 우주 왕복선 발사에만 초점을 둔 관리자들과 NASA는 이를 무시했다. 그 결과 엄청난 인명 사고와 물리적 피해를 입어야 했다. 이 사건은 오늘날에도 우주 왕복선 발사의 대표적인 실패 사례로 인용되고 있다.

조직 내에서는 다수와 다른 의견을 내는 사람이 꼭 필요하며, 다수는 그것을 묵살하거나 배제해서는 안 된다. 집단 사고가 지나치게 강하면 의사 결정에 반대하는 구성원을 억압하기도 한다. 이는 자신이 속한 집단에 대한 맹목적 믿음이나 무비판적 수용에서 비롯된 행동이기도 하다.

집단 사고의 사례는 주변에서 쉽게 찾아볼 수 있다. 사람들이 자신이 소속된 지역이나 국가 대표팀을 한마음으로 응원하기도 하지만, 팀을 이긴 상대팀에 대해 맹목적인 비난을 쏟아내기도 한다. 코로나바이러스 확산으로 인해 전 세계가 어려움에 빠지게 되자 사람들이 대중교통 내에서는 마스크를 쓰기 시작했다. 서구권 국가에서는 코로나바이러스 감염증이 급증하면서 아시아인에 대한 인종 차별과 공격을 하기도 했다. 이처럼 집단 사고는 조직 내의 구성원 혹은 타인에게 긍정적인 영향을 끼치기도 하고 부정적인 결과를 초래하기도 한다.

집단 사고는 조직의 의사 결정 과정에서 동질성, 혹은 만장일치를 추구하는 성향 때문에 동일한 방향성을 추구하게 된다. 조직의 성격이 폐쇄적일수록 집단 사고의 부정적 현상이 자주 등장하게 된다. 조직 내에서 토론이나 비판적 분석을 배제하게 되고, 나와 다른 의견이나 집단에 대해서는 배타적 감정으로 대응하게 된다. 결국 그 집단 구성들은 도덕성을 잃게 되기도 한다. 집단 사고가 부정적으로 흐르게 되는 데에는 여러 가지 특징이 나타난다.

❶ 집단 내에서 다른 의견을 무시하거나 동일한 의견을 수용하도록 강요하는 분위기가 형성된다.
❷ 다른 사람들의 태도나 양식은 늘 나와 같다는 고정 관념에 사로잡힌다.
❸ 사실과 다른 정보나 자신과 다른 의견을 참고하지 않는다.

집단 내의 규범이 강한 조직일수록 집단 사고가 구성원들의 행동이나 의사 결정에 지대한 영향을 끼치기도 한다. 규범을 추종하는 집단은 상황이 불분명할 때에는 규범에 따라 판단하려고 더 노력하기도 하지만, 지나치게 경직된 조직일 경우에는 구성원들의 자유로운 의사 결정이나 자발적인 참여 등이 어렵기 때문이다. 이러한 집단 사고의 피해를 막기 위해서 몇 가지 유의 사항이 있다.

❶ 집단의 규모를 점진적으로 축소하거나 조직 내의 여러 개 소규모 집단을 구성하도록 한다.
❷ 집단 구성원에게 다양한 권한을 부여하거나 다른 형태의 프로젝트를 장려한다.
❸ 개인의 의견을 펼칠 수 있는 토론 분위기를 조성하기 위해 다양한 종류의 워크숍을 운영한다.
❹ 개인, 집단의 내외부 동향을 주시하도록 하며 리더십이 강한 사람이 누구인지 파악해야 한다.

이러한 유의 사항을 고려한다면 구성원들 간의 활발한 교류가 이루어지고, 구성원은 나와 다른 의견에 대해 개방적인 태도를 취할 수 있게 된다. 조직이 회사인 경우는 참여자가 상위 정책 의결 기관을 따로 설치하거나 의사 결정 과정을 투명하게 공개할 필요가 있다. 무엇보다 의사 결정을 할 때는 공식적인 절차를 만들고 이를 준수하는 것이 필요하다. 내부적으로는 공식적 조직 이외에 다양한 소집단을 만들거나 구성원들 간의 자유로운 교류를 허용할 필요가 있다. 외부적으로는 각 분야의 외부 전문가를 초청하거나 그들을 의사 결정에 참여시키도록 한다. 무엇보다 기존 집단을 해체하거나 새로운 구성원을 영입하여 집단 스스로 변화를 추구하도록 한다. 건강한 집단일수록 폐쇄성이 적고, 조직 내에서 이의를 제기하는 사람이 존재하기 마련이다. 정리하자면 집단 사고는 구성원 간의 동질감을 서로 느끼게 하면서도 나를 다른 집단과 구별하는 기준이 되기도 한다.

집단 지성, Two heads are better than one

집단 사고는 집단 지성collective intelligence으로 연결되기도 한다. 집단 지성은 다수의 선택이 보다 나은 결과를 가져온다는 믿음에서 출발한 것이다. 한 명보다는 두 명이, 개인보다는 집단이 더 나은 선택을 할 수 있음을 말한다. 선거에서 다수의 표를 얻은 사람을 대표로 선정되거나 일을 처리할 때 다수결의 원칙에 따르는 것이 그 예가 된다. 다수의 평범한 사람들이 일부의 엘리트보다 더 합리적일 수 있다. 포털 사이트에 저장된 수많은 지식은 생활 속에 유용하게 사용된다. 지식백과나 위키피디아 등에 공유된 지식이 오늘날 다양한 분야에 통용되기도 하고, SNS나 상품 구매 사이트에 누군가가 남긴 후기나 경험으로 생성된 지식이 유용하게 사용되기도 한다. 인공 지능을 활용한 예측 시장 시스템이 활용되기도 하고, 인간이 갖는 협력의 기술이 긍정적으로 활용되는 사례도 많다.

물론 집단 사고가 늘 집단 지성으로 연결되지는 않는다. 집단 사고는 자신들과 다른 주장을 하는 구성원을 무시하도록 하거나 조직에서 완전히 배제하는 역할을 하기도 한다. 역사적 사건 속에서 몇 가지 사례를 찾아볼 수 있는데, 중세 시대의 마녀 사냥이나 케네디 정부의 피그스만 침공 사건, 히틀러의 유대인 학살 등이 그것이다. 이처럼 집단 사고가 비도덕적인 방향으로 나타난 사례는 역사 속에서 자주 등장한다. 공유와 협업의 결과가 반드시 긍정적인 결과를 가져오지 않음을 보여준다.

코페르니쿠스는 지동설을 주장하면서 천동설을 진리처럼 믿었던 15세기 지식인들과 종교인들에게 공격을 받아야 했다. 그는 당시 분위기를 알기에 책 출판을 망설였고, 이후에도 지구가 움직인다는 그의 논문은 로마 가톨릭 교회의 금서로 지정되기도 했다.

헝가리 출신의 의사 제멜바이스Ignaz Philipp Semmelweis는 산부인과 병동에서 손 씻기를 하면 사망률을 낮출 수 있다는 주장을 했다. 세균에 대한 이해가 부재했던 1840년대 동료 의사들은 의사의 손을 신성한 것으로 여기며 손 씻기를 거부했다. 제멜바이스는 일자리를 잃었고 자신의 주장이 받아들여지지 않자 좌절하여 결국 정신병원에서 쓸쓸하게 사망했다. 이처럼 과학적 사실이나 불변의 진리는 집단 지성이 아닌 사실 여부로 판단해야 하지만, 공유 지식이나 협업으로 연결되지 못한 채 비극적인 결과를 얻기도 한다.

조직에서의 권력과 권한

권력power은 흔히 정치적 힘이라고 할 수 있으며 조직 내의 관계 속에서 상대방의 의지와 관계없이 나의 의지와 뜻을 상대방에게 관철시키는 힘을 말한다. 권력은 개인적 능력에 해당하기도 하며, 카리스마와 지위 등에서 파생되는 것이기도 하다. 권력을 잠재적이고 비공식적인 것으로 오해해서는 안 된다. 조직 내에서 공식적인 권력도 존재한다.

권한authority은 사람이나 기관이 보유하여 행사할 수 있는 권리나 권력의 범위를 말하는 것으로 권력의 한 요소로 볼 수 있다. 권한은 조직 내의 위치로 갖게 되는 공식적 힘으로, 법적으로 그 지위와 힘을 보호받기도 한다. 조직 내의 개인은 합법적이고 보상적인 권한을 갖고 있으며, 직위에 따라 그 권한을 조직 구성원들에게 정당하게 행사할 수 있다.

권력은 권한보다 더 포괄적인 개념이라고 할 수 있다. 권한은 일정한 규범에 따라 합법성이 인정된 권력이며 위임받은 것으로 일정한 범위 내에서 행사해야 한다. 조직 내에서 직위가 높으면 그에 따른 권한이 발생하며, 이를 조직 내에서 행사할 수 있다.

공식적인 권력을 갖고도 제대로 행사하지 못하는 사람이 있는가하면, 조직 내에서 지위가 비록 낮을지라도 비공식적으로 권력을 행사하거나 조직의 의사 결정에 영향을 주기도 한다. 때로는 공식적 권력을 갖고 있지 않으면서도 조직을 운영하거나 장악하는 사례도 종종 발생한다.

조직 내에서 공식적 권력, 혹은 권한을 많이 갖고 있다는 것은 그 행위자는 조직 내에서 특정한 권리를 행사하면서 자신의 이익을 관철시키고, 이에 의한 여러 혜택을 부여받고 있다는 것을 의미한다. 이와 동시에 그 행위자는 조직 내에서 더 많은 의무를 부과받게 된다. 조직 내의 구성원들은 서로 다른 권력과 권한을 가지고 있어 그들이 지닌 권리의 범위와 의무의 무게도 다르다. 신분이 높을수록 그에 상응하는 도덕적 의무도 많아짐을 나타낸다. 이를 설명해 주는 용어가 바로 '노블레스 오블리주Noblesse Obligé, nobility obliges'이다. 이는 '귀족은 더 많은 의무를 지닌다'라는 뜻으로 우리에게 종종 소개된다. 하지만 이 일화는 어디까지나 후대에 덧붙여진 이야기이기도 하며, 당시 희생을 자처했던 사람들은 '귀족'보다는 한 도시의 '부르주아' 계급에 가깝다.

영국의 도버 해협에서 가장 가까운 위치에 있는 프랑스의 칼레에서 일어난 일이다. 칼레는 영국과 프랑스의 갈등과 분쟁이 있는 대표적인 곳으로, 14세기 영국의 에드워드 3세가 프랑스 칼레를 침공하기 위해 약 10개월간 전쟁을 벌였다. 에드워드 3세가 칼레를 점령하자 그간 전쟁의 책임을 묻기 위해 칼레에 거주하는 사람 6명을 무작위로 뽑아서 죽이려고 했다. 이때 칼레의 시장, 재판장, 부유한 상인이 나서서 자신들이 대신 죽고자 했다. 이것을 기념하여 후대의 조각가 로댕이 '칼레의 시민Les Bourgeois de Calais, 칼레의 부르주아들'을 청동으로 제작했다. 노블레스 오블리주는 이와 유사한 개념으로 여러 곳에서 사용되었고, 프랑스에서는 19세기 발자크의 희곡에 처음 등장한 말이기도 하다.

이 용어를 귀족이 더 많은 의무를 지닌다는 의미로 해석하려면 초기 로마 시대의 왕과 귀족들의 이야기로 거슬러 올라가야 한다. 로마 시대의 왕과 귀족들은 전쟁이 발발하면 앞장서서 참전해 전사하는 것을 명예로 여겼고, 이것이 후대에 전해지면서 공공 봉사나 기부, 헌납의 전통을 만들었다. 이러한 행위는 의무인 동시에 명예로 인식되어 자발적으로 이루어졌다. 즉, 조직 내에서 신분이나 권위가 높은 사람일수록 자신이 누리는 권리에 비례하여 높은 수준의 도덕 의식과 솔선수범하는 공공 정신을 가져야 한다는 것을 보여주는 전통이 되었다. 실제 영국에서는 세계 1차, 2차 대전 때 고위층 자제가 다니는 이튼 칼리지 출신 중 2,000여 명이 전사했고, 영국 여왕이 직접 전쟁에 참여했으며, 그의 아들도 포클랜드 전쟁에 헬기 조종사로 참여한 바 있다. 일제 강점기에 일부 부유층이 사재를 털어 독립운동을 지원하거나 대기업 총수가 자신의 재산을 사회에 환원하는 것도 이러한 전통과 유사하다.

집단 사고의 폐허에서 벗어나라

앞서 세계 2차 대전에서 일어났던 유대인의 학살에 대해 언급한 바 있다. 전쟁 후에 각국에서 전범 재판이 열렸다. 이스라엘 정보 기관인 모사드는 세계 각지로 흩어진 전범들을 찾아냈고, 대표적인 인물에는 아돌프 아이히만이 있었다. 그는 독일 중령 출신으로 2차 세계 대전 후 아르헨티나로 망명하여 그곳에서 자신의 신분을 속이고 일반인으로 생활했다. 그러던 중 모사드가 전범자들을 찾는 과정에서 발각되었다. 그는 오스트리아 제국 사람으로 나치당에 처음에는 관심이 없었지만 히틀러의 유대인 말살 정책에 동조했고, 누구보다 열심히 유럽에 흩어진 유대인들을 수용소로 불러 모으는 일에 열중했다. 그는 수많은 유대인을 독일로, 폴란드로 불러 보았으며, 그 과정에 적극적으로 개입하여 서류를 작성했다. 그 결과 유럽에서는 유대인 600만 명이 희생되었다. 전범 재판에서 아이히만은 자신은 그저 공무원일 뿐이며 명령받은 일을 열심히 한 사람이라고 주장했다.

재판 결과 아이히만은 전범으로 사형을 선고받았고, 사람들에게 '생각하지 않은 죄'로 비난받았다. 그가 단 한 번이라도 자신의 행위가 가져올 결과에 대해 생각했더라면 그는 그 서류에 쉽게 사인하지 못했을 것이다. 수만 명의 유대인을 죽음으로 몰아가는 일은 단순한 서류 작성이 아니다. 아이히만을 사형을 선고받았지만, 죽기 전까지 자신의 행동을 반성하지 않았다. 자신에게는 아무런 잘못이 없으며 그저 열심히 일한 공무원에 불과하다고 주장했다.

우리는 아이히만의 교훈을 통해 어떤 것들을 생각해야 할까? 지금 이 순간에도 우리는 각자 생각의 집을 짓고 있다. 우리 머릿속에 있는 생각의 집은 과연 어떤 모양일까? 어쩌면 생각의 집을 의식하지도 못한 채 일상을 보내고 있는지도 모른다.

아기 돼지 삼 형제가 주는 교훈을 생각해 보자. 돼지 형제가 집을 짓는 것처럼 우리도 각자 생각의 집을 짓고 있다. 어떤 재료로 집을 지을 것인지는 개인의 선택이다. 지푸라기로 지은 집이라면 외부의 공격에 쉽게 무너지겠지만, 벽돌로 천천히 쌓아 올린 집이라면 비바람, 태풍에도 쉽게 무너지지 않는다. 창의적 사고도 그러한 생각의 집에서 탄생되는 것이다.

방해 요인 극복하기

활동 1

❶ 교사의 말에서 드러난 필자의 의도가 무엇인지 생각해 보고 문제 해결의 방해 요인 중 어떤 부분과 관련지을 수 있는지 서술해 보자.

"제군, 지난 일 년 동안 고생 많았다. 그래서 이 마지막 시간만은 입학 시험과 상관없는 이야기를 하고 싶다. 일단 내가 묻는 형식을 취하겠다. 두 아이가 굴뚝 청소를 했다. 한 아이는 얼굴이 새까맣게 되어 내려왔고, 또 한 아이는 그을음을 전혀 묻히지 않은 깨끗한 얼굴로 내려왔다. 제군은 어느 쪽의 아이가 얼굴을 씻을 것이라고 생각하는가?"

학생들은 교단 위에 서 있는 교사를 바라보았다. 아무도 얼른 대답하지 못했다. 잠시 후에 한 아이가 일어섰다.

"얼굴이 더러운 아이가 얼굴을 씻을 것입니다."

"그런데 그렇지가 않다."

교사가 말했다.

"왜 그렇습니까?"

다른 학생이 물었다.

"한 아이는 깨끗한 얼굴, 한 아이는 더러운 얼굴을 하고 굴뚝에서 내려왔다. 얼굴이 더러운 아이는 깨끗한 얼굴의 아이를 보고 자기도 깨끗하다고 생각한다. 이와 반대로 깨끗한 얼굴을 한 아이는 상대방의 더러운 얼굴을 보고 자기도 더럽다고 생각할 것이다."

학생들이 놀람의 소리를 냈다. 그들은 교단 위에 서 있는 교사에게서 눈을 떼지 않았다.

"한 번만 더 묻겠다."

교사가 말했다.

"두 아이가 굴뚝 청소를 했다. 한 아이는 얼굴이 새까맣게 되어 내려왔고 또 한 아이는 전혀 묻히지 않은 얼굴로 내려왔다. 제군은 어느 쪽의 아이가 얼굴을 씻을 것이라고 생각하는가?"

똑같은 질문이었다. 이번에는 한 학생이 얼른 일어나 대답했다.

"저희들은 답을 알고 있습니다. 얼굴이 깨끗한 아이가 얼굴을 씻을 것입니다."

학생들은 교사의 말을 기다렸다.

"그 답은 틀렸다."

"왜 그렇습니까?"

"더이상 질문을 받지 않을 테니까 잘 들어주기 바란다. 두 아이가 함께 똑같은 굴뚝을 청소했다. 따라서 한 아이의 얼굴이 깨끗한데 다른 한 아이의 얼굴은 더럽다는 일은 있을 수가 없다."

교사는 분필을 들고 돌아섰다. 그는 칠판 위에다 '뫼비우스의 띠' 라고 썼다.

조세희의 「난장이가 쏘아 올린 작은 공」 중에서

❷ 다음은 국립국어원에서 발표한 '다듬은 말' 목록의 일부이다. '대상어'와 '다듬은 말'을 비교해 보고 그 적절성을 판단해 보자.

대상어	다듬은 말	의 미
백 브리핑 (back briefing)	덧보고	공식적인 보고가 끝난 이후 비공식적으로 이어지는 보고
트래블 버블 (travel bubble)	비격리 여행 권역	코로나19 상황에서 두 국가 이상의 방역 우수 지역이 서로 자유로운 여행을 허용하는 것
긱 워커 (gig worker)	초단기 노동자	산업 현장의 필요에 따라 임시로 단기 계약을 맺고 일하는 노동자
북 아트 (book art)	책 꾸밈	창의적 요소를 더하여 책의 표지나 속지 등을 예술적으로 꾸미는 일 또는 그렇게 꾸민 책
펀슈머 (funsumer)	오락적 소비자	물건을 구매할 때 재미있는 상품을 선호하거나 소비 과정에서 실용성보다는 즐거움을 추구하는 소비자
실버 서퍼 (silver surfer)	디지털 친화 어르신	인터넷이나 스마트 기기를 능숙하게 활용하는 노년층
리클라이너 (recliner)	각도 조절 푹신 의자	등받이나 발 받침의 각도를 자유롭게 조절하는 안락의자
리유저블 컵 (reusable cup)	다회용 컵	외관은 포장 구매용 종이컵과 같지만 재질이 특수하여 반영구적으로 사용할 수 있는 컵

단 계	활동 내용
상황 분석 단계	
문제 정의 단계	
목표 설정 단계	
해결안 선정 단계	
실행 및 피드백 단계	

방해 요인 극복하기 활동 2

❶ 다음 예화를 읽고, 이야기 속의 주인공이 부정적인 피드백에 대해 어떻게 대처했는지 생각해 보고 문제 해결 단계에 맞게 정리해 보자.

B 씨는 미국에서 사업하고 싶어서 대학을 미국으로 진학했고, 20대 중반이 되어 군 복무를 하려고 한국으로 귀국했다. 제대 후에 대학으로 복학할지 말지를 고민하다가 미국에서 소프트웨어 관련 사업을 하고 싶어 과감하게 대학을 중퇴하고 일을 시작했다. 2000년 이후에 원격 근무혹은 재택 근무, 리모트 워크(Remote Work) 기반 소프트웨어 산업에 뛰어들었다.

처음 프로그램 개발을 했을 때는 아이디어는 좋지만 별로 쓰이지 않았고, 시장이 너무 좁아서 사업성이 떨어진다는 평가를 받았다. 그는 좌절하지 않고 7년 동안 계속 관련 프로그램 개발에 매달렸다. 그가 2010년 중반에 독일로 출장을 갔을 때 다양한 방식의 근무 형태를 목격하게 되었다. 한국은 근무자의 목에 사원증을 걸고 출근하는 방식이 일반적이지만, 향후 긱 이코노미(Gig Economy: 기업이나 사용자가 필요에 따라 임시로 계약을 맺고 노동력을 공급하고 대가를 지불하는 경제 형태)의 흐름이 더 일반화될 것을 예측했다. 그는 한국도, 미국도 고용의 형태가 지금보다 더 자유로울 수밖에 없다는 결론에 다다랐고, 리모트 워크와 관련 사업을 철회하지 않고 더욱 개발에 매진했다.

당시 한국에 돌아왔을 때만 해도 누가 재택을 하냐, 기업들이 재택 근무를 허락하지 않을 것이라는 의견이 대세였다. 같은 개발업자들 사이에서도 "재택 근무가 절대 대세가 될 수 없다."라는 각종 비난을 들어야 했다. 하지만 그는 자신이 개발한 프로그램이 목표로 하는 시장의 규모가 너무 작을 뿐이라고 말했다. 그는 한국 시장이 너무 협소하다고 판단하여 미국 시장부터 진출했다. 미국은 한국과는 달리 다양한 고용 형태가 진행되고 있었다. 처음에는 미국 시장에서도 크게 주목받지 못했고, 스타트업을 지원해 주는 프로그램에서 사업 보고를 하면 가장 낮은 점수를 받기도 했다. 심지어는 10점 만점에 0점을 주는 평가자도 있었다. 그는 기존 프로그램의 단점을 보완하는 프로그램 개발을 계속 진행하면서 자체 개발한 프로그램과 기업용 소프트웨어와의 협업을 시도했다. 무엇보다도 코로나바이러스가 확산되면서 디지털 트랜스포메이션Digital Transformation이 앞당겨졌고, 그의 사업은 점차 두각을 나타내기 시작했다. 포스트 코로나 시대를 맞이하면서 하이브리드 업무(사무실 근무와 원격 근무가 병행하는 형태)가 생겨났고, 이를 대비한 새로운 프로그램 개발에 매진하고 있다. 그는 AI로 인해 더 많은 워크 플로우가 생겨나고, 시스템이 모두 자동화되면서 프로그램이 더욱 업그레이드될 것으로 판단했으며 동시에 워크 플로우의 사용 수체자에 대한 연구가 더 필요하다고 밝혔다.

단 계	활동 내용
상황 분석 단계	
문제 정의 단계	
목표 설정 단계	
해결안 선정 단계	
실행 및 피드백 단계	

❷ 글을 쓰는 것도 일종의 문제 해결 과정이다. '하루 1만 보 걷기'에 대해 브레인스토밍한 것을 아래와 같이 정리했다. 본격적인 글을 쓰고자 할 때 질문을 제기할 수 있는 부분을 찾아보자.

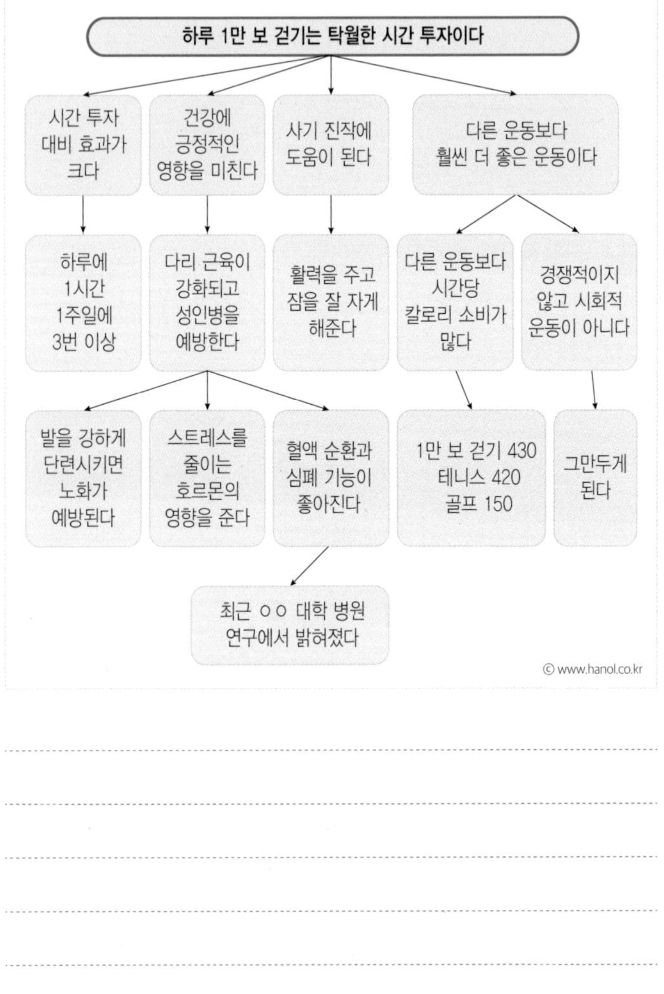

❸ 집단 사고의 긍정적, 부정적 사례를 제시해 보자.

부 록

활동 예시 답안

발견은 남들과
같은 것을 보고
다르게 생각하는 것이다
– 알베르트 센트 디외르디 –

활동 예시 답안

PART 1

창의적 사고 열기

활동 ① 다음은 조지훈의 시 <승무>가 어떻게 완성되었는지 그 구상과 집필 과정에 대해 시인이 직접 쓴 글이다. 시 한 편을 집필하는 데 시인이 얼마나 많은 시간과 정성을 들였는지, 집필 과정에서 겪은 시인의 주된 고민이 무엇이었는지를 파악하며 글을 읽어보자.

해 설

조지훈 『시의 원리』, 나남출판, 1996, p.p. 181-185

이 작품은 조지훈의 『시의 원리』에 실린 것으로, 시 '승무'를 완성하게 된 과정을 상세하게 소개하는 글이다. 시의 창작 과정과 그 의미를 창작자의 입장에서 서술하고 있다. 저자가 용주사에서 우연히 승무를 보고 김은호의 '승무도'를 감상한 후에 시의 내용을 구상했고, 아악부에서 '영산회상'의 한 가락을 들은 뒤에 시를 완성했음을 고백했다. '승무'는 춤, 그림, 음악이라는 세 가지 예술 장르에 영감을 받아 나온 것으로 시 창작을 비유적으로 설명하고 있다.

① 저자가 '승무'라는 시를 쓰게 된 까닭은 무엇인가?

예시답안 승무의 선율이 심금을 울려서 시를 쓰지 않을 수 없었다. 한성준과 최승희의 승무를 보고 호기심을 느꼈고, 용주사에서 승무를 본 후에 시정을 느끼게 되었다.

❷ 시를 창작하는 과정과 창의적 사고 과정이 어떻게 유사하고 다른지 생각해 보자. 창의적 사고를 잘하려면 무엇이 필요한가?

시를 잘 쓰기 위해서는 시를 진정으로 사랑하는 마음을 가져야 한다. 시를 지을 때 고통이 따르지만, 그것을 견디고 포기하지 않아야 그 아름다움을 가질 수 있다. 창의적 사고 과정도 호기심으로 가볍게 시작했을지라도 깊게 고민하면서 문제를 풀어나가려고 꾸준히 노력해야 한다.

활동 ❷ 다음의 글을 읽고, 발산적 사고와 수렴적 사고를 연습해 보자.

해 설

이솝 우화

이 이야기는 사슴의 어리석음을 보여주는 이솝의 동물 우화이다. 여우의 꾀에 넘어가 목숨을 잃는 사슴의 행동을 보면서 자기 분수를 모르고 지나친 허욕虛慾을 부리는 것이 얼마나 어리석고 위험한 일인지를 생각하게 하는 작품이다.

사슴을 먹고 싶다는 병든 사자의 부탁으로 여우가 사슴을 꼬여낸다. 동물의 왕이 되겠다는 허영에 사슴은 죽을 고비를 넘기고 도망간다. 간교한 궁리를 한 여우는 사슴을 다시 유인해서 사자의 밥이 되게 하고 그의 염통을 꺼내 먹는다. 사자가 여우에게 사슴의 염통이 어디 있느냐고 묻자, 그처럼 어리석은 자는 염통이 없다고 말한다.

❶ 다음은 이 이야기의 줄거리를 간략히 요약한 것이다. 밑줄 친 부분을 채워 보자.

예시답안 사자의 부탁을 다시 받은 여우는 사슴을 다시 속여서 데려간다. 동굴에 들어가자마자 사슴은 사자에게 잡아 먹히고, 여우는 사슴의 염통을 먹는다. 염통을 찾는 사자에게 여우는, 두 번이나 죽으러 온 사슴에게는 염통이 없다고 시치미를 뗀다.

② 저자가 이 이야기로 말하고자 하는 바를 정리해 보자.

예시답안 여우의 꾐에 속아서 죽을 뻔했다가 겨우 목숨을 부지한 사슴이 자신의 허욕을 버리지 못하고 다시 그 꼬임에 빠져 죽는 이야기를 통해 분수에 넘치는 쓸데없는 욕심을 경계하고 있다.

③ 이 이야기를 다른 관점으로 재구성하여 설명해 보자.

 생각해보기

이 작품은 자신의 분수에 넘치는 욕심을 부리다가 끝내는 목숨을 잃은 사슴에 대한 우화이다. 모든 우화가 그렇듯이 우화에서 이야기 자체는 의미가 있는 것이 아니다. 이야기의 내면에 있는 요소가 중요하다. 즉 여우는 간사한 꾀로 남을 속여 이득을 보는 존재를 의미하고, 사슴은 분수를 모르는 허욕으로 자신을 망치는 사람을 의미한다. 사슴의 허욕은 여우의 꾐에 두 번 넘어가는 데에서 확인된다. 병든 사자의 부탁을 받은 여우가 사슴만이 동물의 왕이 될 자격이 있다고 꾀자 죽을 고비는 넘겼음에도 재차 똑같은 꼬임에 다시 넘어간 것은 기본적으로 사슴에게 문제가 있음을 보여준다.

다른 관점으로 작품을 해석해 보는 시도

사슴의 어리석음을 교훈으로 할 것이 아니라 타락한 여우와 그 여우를 이용하는 사자를 공격해야 할 것이다. 약한 자를 보호하고 타인을 위해 희생하는 사람이 있어야 사회가 평화로울 수 있다. 숲속 동물들은 사슴의 죽음에 대해 들었기에 여우를 숲에서 쫓아냈고, 병든 사자도 여우가 없어진 후 아무도 찾지 않게 되었다. 결국 사자도 병이 악화되고 영양실조로 굶어 죽었다. 이후 숲속에서는 남을 속이거나 거짓말하는 자는 추방당하는 법률이 제정되었다.

PART 2
창의적 사고 발견하기

활동 ❶ 다음 글을 읽고 저자의 사고 과정을 정리해 보자.

해 설

이 작품은 고려 시대의 문인 이곡李穀의 수필이다. 말을 빌려 타면서 느낀 점을 바탕으로 상상력을 발휘하여 인간의 소유에 대한 깨달음을 담고 있다. 가난하여 남의 말을 빌려 타면서 자신이 경험한 것을 상상과 유추를 활용하여 일반화했다. 글의 구조를 잘 따라가면서 유추, 사고 과정에 대해 생각해 보자. 작가가 얻은 사색의 결과와 그 속에 내포된 교훈에 대해 생각해 보아야 한다. 이 작품을 통해 새로운 사실을 알게 되고 체험을 확대하는 즐거움, 유추의 과정을 이해하고 창의적 사고의 방법을 배울 수 있다. '설說'은 한문 수필로, 일반적으로는 '사실'과 '의견(해석, 깨달음)'으로 구성되어 있으며, 사실 제시와 의미 부여(논거+결론), 혹은 전제와 결론(개인적 체험 + 보편화된 사물의 이치)으로 구성된다. 이야기 간의 관계를 파악하여 글의 주제를 찾을 수 있어야 한다.

❶ 저자가 자신의 경험을 통해 말하고자 하는 바를 써 보자.

예시답안 저자는 가난하여 남의 말을 빌려 타는 일이 있는데, 좋지 않은 말을 빌렸을 때는 조심하고 스스로 삼갔다. 하지만 준마를 빌렸을 때는 의기양양하게 채찍질을 하며 신나게 말을 달리게 되었다. 외형에 따라 소유물을 대하는 마음이 달라진다는 것, 소유에 따른 심리 변화를 깨닫게 된다. 이 경험을 토대로 인간의 근본적 소유욕, 즉 사물에서부터 힘이나 권세까지 '인간에게는 진정한 자기 것은 없음'으로 확장한다. 우리가 현재 가진 것도 영원하지 않으며, 모두 빌린 것처럼 여겨 집착하지 말아야 한다고 주장한다. 평소 겸손하고 집착하지 않는 삶의 자세에 대해 제시하고 있다.

❷ 저자가 깨달음을 얻는 과정을 유사성의 원리에 적용하여 설명해 보자.

예시답안 저자가 말을 빌려 탄 체험을 확대하여 소유에 대한 근본적 성찰과 깨달음을 제시하고 있다. 사실과 체험을 일반화하여 새로운 '의견'을 주장하는 구성 방식이다. '말 빌린 것'을 '인간의 소유욕'으로 확대하여 유추의 방식으로 전개하고 있다.

❸ 저자의 경험과 유사한 사례가 있는지 생각해 보고 해당 예시를 소개해 보자.

물컵에 물이 반 정도 남았을 때 누가 마시느냐에 따라 '반밖에 안 남았네' 혹은 '반이나 남았네'가 된다. 동일한 사태도 입장이 달라지면 해석하는 내용도 완전히 달라진다. 승전국과 패전국이 전쟁의 역사를 기술하는 입장이 다르며, 정부의 정책에 대한 여당과 야당의 입장도 다르다.

활동 ❷ 다음 사례를 보고 폐쇄성의 원리를 설명해 보자.

❶ 각 사례는 폐쇄성의 원리 중 어떤 것으로 설명할 수 있는가? 그 이유는 무엇인가?

생각해보기

동일한 사물을 어떤 방법으로 해석하느냐에 따라 폐쇄성의 원리를 다양하게 적용해 볼 수 있다. 어떤 관점으로 대상을 분석할 것인가에 초점을 맞추도록 한다. 한 가지 정답만을 주장하기보다는 폐쇄성의 원리를 적용할 때 그 이유가 타당한지를 따져보아야 한다.

Ⓐ 카고 팬츠는 군복으로 사용되었으나 오늘날에는 일상복으로도 착용된다. 그 쓰임이나 용도가 확대되었다고 보면 '증폭'의 예시로 볼 수 있다. 개성을 표현하는 수단으로 카고 팬츠를 입거나 일상에서도 자주 착용한다는 관점으로 접근하면 '균형 상태의 파괴'로도 해석할 수 있다.

Ⓑ 스마트폰은 휴대전화에 기능이 몇 가지 추가된 것으로 보면 '증폭'이지만, 전혀 다른 새로운 대상물의 탄생으로 보면 '융합'이 될 수도 있다.

Ⓒ 농작물을 키우는 데 과학 기술을 도입한 것만 보면 '증폭'으로 설명할 수

있으나 기존의 농장과는 완전히 차별된 형태가 등장하고 스마트 팜을 활용 분야가 매우 다양하기에 '융합'으로 볼 수도 있다.

ⓓ 건축물의 일부를 다른 방식으로 활용했기에 증폭으로 설명할 수 있으나 건축물의 장식적 기능을 능가하는 새로운 형태의 건축 양식으로 파악한다면 융합이 될 수도 있다.

❷ 우리 주변에서 폐쇄성의 원리를 적용할 수 있는 사례를 찾아보고 그 이유를 설명해 보자.

교재에 소개된 사례 이외에 다양한 예시를 찾아보면 멀티 충전기, 각도 조절이 되는 블라인드 커튼채광 조절 가능함, 노트북의 터치스크린, 휴대 선풍기, 멀티 프로필, 끈 없는 운동화, 멀티비타민, 후드 점퍼, 수냉 쿨러 등이 있다.

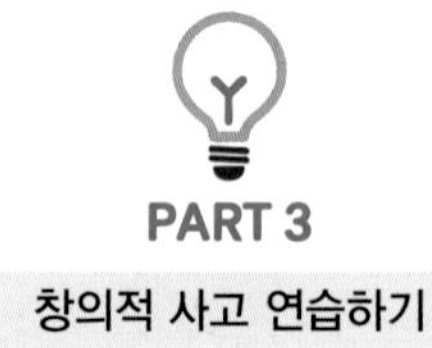

PART 3

창의적 사고 연습하기

활동 ❶ 창의적 사고를 다양한 방법으로 연습해 보자.

❶ 브레인스토밍을 활용하여 아이디어를 만들어 보자.

❷ 아래는 에세이 쓰기에 대한 평가표이다. 글을 쓸 때 이러한 체크리스트가 어떤 역할을 하는지 생각해 보자.

이 체크리스트는 에세이 대회에 대한 평가표이다. 글을 쓰기 전에 평가표를 먼저 제시하면 글쓴이가 자신의 글을 어떻게 쓸지에 대한 기준을 마련할 수 있다. 글을 완성한 후에도 자신의 글을 평가하는 기준이 된다. 평가자는 이 체크리스트로 글을 심사하거나 평가하여 참가작의 점수를 매길 수 있다. 당선작이 왜 우수한 글인지를 설명하는 근거가 된다.

❸ 형태적 분석법을 활용하여 건물 옥외 간판을 디자인하려고 한다. 간판의 구성 요소를 표로 만들어 다양한 조합을 기술해 보자.

생각해보기

이 표는 정해진 답이 있는 것이 아니다. 간판의 재료, 몸체, 조명, 서체, 색채 등을 각각 나열해 보고 여러 가지를 조합해 보자. 가장 매력적인 간판 디자인을 선택할 수 있다.

재 료	몸 체	조 명	서 체	색 채	비 고
유리	100	5개	명조체	흰색	…
나무					
플라스틱					
…					

활동 ❷

❶ 다음은 토마스 쿤Thomas Kuhn의 『과학 혁명의 구조』를 정리한 글로서 현대 사회에서 과학 혁명의 문제를 다루고 있다. 이 글을 토대로 현재의 과학 이론이나 과학적 사고 체계의 문제점을 지적하고, 암묵지와 형식지가 형성되는 과정에 대해 자신의 견해를 밝혀보자.

해 설

이 글은 토마스 쿤의 『과학 혁명의 구조』를 요약, 정리한 것이다. 이 책이 나오기 전, 즉 1960년대 이전까지 사람들은 '과학은 객관적이며 경험적으로 증명할 수 있고, 그 연구는 항상 엄밀하고 합리적인 방식으로 진행된다'라는 과학관을 가지고 있었다. 그러나 1962년 쿤의 『과학 혁명의 구조』가 발표되면서 이러한 과학관은 결정적인 타격을 입게 되었다. 과학은 반드시 객관적이거나 합리적으로 진행되는 것이 아니라는 사실이 제시된 것이었다. 쿤은 실제의 과학에서는 일반적으로 받아들여져 온 그러한 생각과는 달리 과학 집단의 권위와 과학자 개인의 주관적 신념이 많은 역할을 하고 있다고 주장했다.

특히 그는 기존의 정치 제도가 거기서 파생되는 문제들을 해결할 수 없을 때 혁명이 일어나듯이 과학에서도 혁명은 일어난다고 하는 '패러다임'론을 주장했다. 이것은 단지 과학 기술의 새로운 진전만을 뜻하지 않고 과학적 사고에 대한 새로운 시각의 도입 필요성을 강조할 때도 적용되고 있다. 본문의 내용을 요약하자면 아래와 같다.

❶ 과학 혁명은 정상 과학의 전통에 얽매인 활동에 덧붙여진, 전통을 깨뜨리는 보완이다.

❷ 과학 혁명은 제각기 그 사회가 한때 높이 기리던 과학적 이론을 버리고, 그것과는 양립되지 않는 '다른 이론'을 받아들이도록 강요했다.

❸ 새로운 이론과학 혁명이 동화되려면 이전의 이론이 재구성되고 이전의 사실이 재평가되어야 한다.

❹ 위기에 처한 패러다임에서 벗어나 정상 과학의 새로운 전통이 출현할 새로운 패러다임으로 옮겨가는 과정은 낡은 패러다임을 정비하거나 확장함으로써 성취할 수 있는 누적적인 과정이 아니다. 그것은 기초적인 이론의 일부까지도 변화시키는 하나의 '재조직 과정'이다. 과학 혁명이란 과거의 패러다임에서 새로운 패러다임으로 옮겨가는 과정이다.

생각해보기

최근 우리나라 과학 기술계가 갖는 취약점들에 대한 자기 반성과 지적이 있다. 예를 들면 연구 개발 사업은 오랫동안 수행해 오면서도 내세울 만한 특허가 적다든지, 많은 특허는 받았는데도 뚜렷하게 실용화된 기술 개발 실적이 적다든지, 훌륭한 기술을 개발해 낸 중소기업이 경영난에 빠져 도산해 버리는 등 우리의 기술 개발 구조의 허약함이 반영되는 사례가 허다하다. 이렇듯 오늘날 우리의 과학 기술이 서구에 비해 뒤떨어진 이유가 우리의 과학자들이 너무 실험실이나 연구실이라는 한정된 공간에만 만족했던 것은 아닌지 생각하게 된다. 다시 말해 과학자들이 너무 부분적이고 지엽적인 곳만 바라보아 분석적 사고에 젖어 있던 것은 아닐까? 전체를 바라보는 과학자들의 종합적 안목이 뒤떨어져 있었던 것은 아닐까?

랭글리 교수처럼 비행기에 대해 전문적으로 알고 있더라고 그것을 실제로 구현하지 못하면 엔지니어로서는 실패할 수 있다. 과학적으로 설명하지 못하더라도, 언어로 표현하지 못할지라도 실제로 구현하는 것이 엔지니어의 임무이다. 이 부분은 폴리니의 암묵적 지식의 설명과 일맥상통한다.

폴라니M. Polanyi는 오랫동안 과학자로 활동하는 가운데 철학에서 규정해 온 지식의 개념에 불만을 가지고 새로운 지식의 개념을 제안한다. 그는 주로 언어에 의해서 명시적으로 표명된 지식에 초점을 두어 온 전통적 인식론자들의 논의가 다분히 가공적인 것으로 보았다.(Polanyi, 1958:18) 지식을 엄밀한 규칙과 측정으로 드러낼 수 있다고 생각하면서 겉으로 드러난 측면만을 중시하는 이러한 전통은 학문의 현장에서 일어나는 실상과 동떨어져 있으며, 막상 존중되어야 할 중요한 차원을 놓치고 있다는 것이다.

과학자들이 현상을 탐구해 나갈 때 실제로 중요한 역할을 하는 것은 이러한 암묵적 차원이다. 학자들은 문제를 풀어나감에 있어서 기존의 인식적인 요소들과 새로운 것들을 서로 관련지어 보는 가운데 새로운 실재를 모색해 나간다. 이러한 모색은 결코 의식적인 수준에서 형식 논리를 따라 진행되는 것은 아니고, '암묵적 추리tacit inference'에 의존한다.(Polanyi, 1992:63) 연역적 추리는 단순히 전제의 결과라는 두 개의 명시적 명제들을 연관시킨다. 이에 비해서 암묵적 추리는 일련의 형식적 추리를 거치는 것이 아니라 분리된 채 흩어져 있는 생각과 단서들을 모종의 의미 있는 존재로 구성하는 암묵적인 과정에 해당하는 것이다. 이처럼 단서들이 암묵적으로 통합되는 과정들은 그것의 속성상 자세하게 기술되거나 형식적으로 명시화할 수 없는 것이지만, 명시적인 추리에 결정적인 영향을 미치게 된다.

– 정영기2019, 「공학철학 연구–공학적 지식을 중심으로」, 『문화와 융합』 제41권 2호통권 60집 1189쪽

❷ 암묵지와 형식지의 예를 주변에서 찾아 보자.

예시답안 수영하는 법과 수영에 필요한 매뉴얼, 현장 근무와 현장 근무에 대한 보고서, 그림 그리기와 그림 그리는 법을 소개한 책 등

PART 4

창의적 사고로 문제 해결하기

활동 ❶

❶ 다음은 2007년 7월 27일에 새롭게 개정된 <국기에 대한 맹세문>이다. 1972년부터 사용되었던 것과 비교해 보고, 변경 과정을 문제 해결의 5단계에 맞게 정리해 보자.

생각해보기

국기에 대한 맹세는 국민의례를 할 때 낭송했던 것으로, 1968년 3월 충청남도 교육위원회가 처음 작성하고 보급했다. 최초의 맹세는 '나는 자랑스런 태극기 앞에 조국의 통일과 번영을 위하여 정의와 진실로서 충성을 다할 것을 다짐합니다.'이었다. 이후 정부에서 Ⓐ의 형태로 수정하여 1972년부터 이를 전국적으로 확대 시행했다. 2006년 한 설문 조사에 따르면 국기에 대한 맹세를 '유지64.2%', '문구 수정12.0%', '폐지22.3%'의 결과가 나왔다. 그러나 행정자치부는 기존의 맹세문이 시대와 맞지 않고 문법에 어긋난다는 점을 지적하며 국기에 대한 맹세 수정안인 Ⓑ를 확정했다.

Ⓐ 나는 자랑스런 태극기 앞에 조국과 민족의 무궁한 영광을 위하여 몸과 마음을 바쳐 충성을 다할 것을 굳게 다짐합니다.	··→	Ⓐ 나는 자랑스러운 태극기 앞에 자유롭고 정의로운 대한민국의 무궁한 영광을 위하여 충성을 다할 것을 굳게 다짐합니다.

단 계	분 석
상황 분석	• 국기에 대한 맹세가 생겨난 이유가 무엇일까? • 모든 사람이 이것을 동일하게 외우고 말해야 하는가? • 애국심을 강요하는 것이 아닐까? • 시기적으로 너무 오래된 것은 아닌가?
문제 정의	• 오래되어서 오늘날 정서와 맞지 않는 내용과 표현이 있다.
목표 설정	• 문법적 오류나 시대착오적인 표현을 수정해야 한다.
해결책 선정	• 1968년부터 사용된 것이면 시기적으로 매우 오래되었음, 비문법적인 표현(자랑스런), 시대와 맞지 않은 표현(조국과 민족의, 몸과 마음을 바쳐) 등을 수정할 필요가 있음.
실행과 피드백	• 2007년에 수정되었고, 이후에 시행됨. • '국기에 대한 맹세'를 부정적으로 보는 시선이 여전히 많음.

❷ 고등학교 3학년인 D의 이야기를 듣고 '문제 정의'를 아래와 같이 했다. 문제 해결의 단계에 맞게 내용을 분석해 보자.

문제 해결의 5단계에 맞게 표를 구성하고, 빠진 부분을 채워보자.

단 계	내 용
문제 정의	• 입시를 준비할 시간이 부족함
목표 설정	• 배달업에 투자하는 시간 줄이기 (잠을 줄이거나 학교생활 시간을 줄일 수 없음)
해결안 선정	• 어머니께 가게를 맡기고 아르바이트생을 고용함
실행과 피드백	

어머니께 가게를 맡기고 당분간 배달업을 하지 않는다. D가 직접 운영했을 때보다는 매출이 떨어졌으나 몇 달 동안은 버틸 수 있다. 어머니가 배달 앱을 활용하여 주문받는 것이 익숙하지 않아서 처음에는 D가 가게를 돌봐야 했지만,

차차 어머니도 앱에 익숙해져 갔다. 아르바이트생의 급여가 따로 나가기도 하고 서비스가 약간 떨어졌다는 고객의 평도 있었지만 11월까지는 계속 이 상태를 유지해야 한다.

❸ 학생에게 일어날 수 있는 잠재적 문제를 정리해 보고 그것을 분류해 보자.

이 활동은 D 학생에게 일어날 잠재적 문제에 대해 생각해 보는 것이다. 일어난 일과 일어나지 않은 일을 구별하여 기록해 보고, 다양한 상황을 일정한 기준으로 분류해 보는 연습을 할 수 있다. D 학생은 대학 입시를 준비하고 있으며, 배달업도 계속 유지하려고 한다. 이를 기준으로 일어날 일과 일어나지 않은 일을 구분해 보자. 다만 어떤 부분이 이 학생에게 더 유리한 선택인지를 고민해 보고, 객관적인 상황을 서술해 보자.

잠재적 문제	내 용
일어난 일	예) 시험에 합격하고 배달업도 잘 됨 시험에 합격했으나 배달업이 안 됨 시험에 떨어졌으나 배달이 잘 됨 시험에 떨어졌고 배달업도 안 됨
일어나지 않은 일	• 시험에 응시하지 않았고 배달업을 포기함 • 대학 진학을 포기하거나 배달업이 아닌 다른 사업을 생각하게 됨
비고	

❹ 최근 '플라스틱 쓰레기의 처리'를 다루는 기사나 논문이 많아졌다. 그 심각성을 사람들에게 알리는 한편, 플라스틱 쓰레기를 재활용할 수 있는 방법에 대해 논의하고자 한다. 문제 해결의 5단계에 맞게 아래 표를 완성해 보자.

생각해보기

'플라스틱 쓰레기를 모아서 재활용할 수 없을까'에 대한 의견을 모으기 위해서 '재활용'의 범위를 어디까지 허용할 것인지 합의가 필요하다. 그 범위를 충분히 검토하지 않으면, 구체적인 실행 방법을 구현하기 어렵다. 재활용의 범위가 어느 정도 정해졌다면 '재활용 방법'에 대한 각종 아이디어를 모아서 단계별로 다시 정리해 볼 수 있다. 플라스틱 프리페어 행사에 대한 다양한 아이디어를 조사해 보고, 문제 해결의 5단계에 맞게 기술해 보자.

단 계	활동 내용
문제 정의	플라스틱 쓰레기를 모아서 재활용할 수 없을까? ⇢ 제로플라스틱 운동을 적극적으로 홍보해야 함
목표 설정	• 플라스틱 프리페어 행사에 대한 다양한 아이디어를 수집하기(플라스틱 프리페어 주체 기관, 기간, 참여자 등과 관련된 의견 구체화하기)
해결책 선정	• 플라스틱 물티슈 대신 손수건 만들기 • 플라스틱 병뚜껑으로 열쇠고리로 만들기 • 무인 반납함을 개발하여 플라스틱 용기 수거하기 • 플로깅(걸어다니면서 휴지 줍기)을 정기적으로 열어 지역사회 주민들의 인식 바꾸기

❺ 폐쇄적 의사 결정과 개방적 의사 결정의 사례를 우리 주변의 사건이나 현상에서 찾아보자.

예시답안 폐쇄적 의사결정은 참여자 중 일부가 미리 목표를 선정해서 모든 구성원들에게 공유하는 방식이며, 개방적 의사결정은 목표를 미리 선정하지 않고 구성원들의 의견을 최대한 수용해서 목표를 선정하는 것이다. 회사에서 새로운 상품을 개발할 때에도 일부 임원들이 미리 개발 상품을 정하고, 이를 제작하도록 하면 폐쇄적 의사결정이 되며, 제작팀 전체에 상품 개발의 모든 것을 맡기면 개방적 의사결정이 되는 것이다. 혹은 점심 메뉴를 미리 정해 놓고 구성원들에게 오늘 식사 장소를 발표하면 폐쇄적 의사결정이 되며, 점심 메뉴를 구성원들에게 직접 묻고, 다수가 원하는 곳으로 식사 장소를 정하면 개방적 의사결정이 된다.

활동 ❷

❶ 다음은 서울시 교육청의 <서울특별시 학생인권조례>의 일부이다. 조례 중 일부를 수정하려고 한다. 어떤 부분을 수정해야 할지 선정하고 그 대안을 마련해 보자.

생각해보기

〈학생인권조례〉는 2010년 10월 5일 경기도 교육청에서 처음 공포해 학교에서 시행했고, 이후 광주 광역시, 서울 특별시, 전라북도 등이 공포해 시행 중이다. 지역별로 차이가 있으며, 현재 시행을 준비하거나 시행하지 않은 지역도 있다. 학생인권조례는 법률이 아니며, 지방자치단체가 제정하는 자치 법규 중 조례, 즉 상위 법규에 해당하는 것이다. 학생인권조례가 제정되면 이행 강제성이 생겨 해당 자치단체에 속한 모든 학교는 이를 따라야 한다. 서울시 의회가 최근 서울 학생인권조례 폐지를 요구하는 주민 조례 청구를 수리하면서 조례 폐지가 가시화되기도 했다. 서울시 주민 조례 발안에 관한 조례에는 만 18세 이상 서울 시민 2만 5천 명 이상이 청구권자로서 조례 제정, 개정, 폐지를 청구할 수 있기 때문이다. 청구를 수리한 날로부터 30일 이내에 의장 명의로 주민 청구 조례안을 발의해야 하며, 시 의회는 1년 이내에 이를 의결해야 한다. 조례 폐지안을 두고 여전히 논쟁 중이다. 학생, 학부모, 교사 등 교육계 내에서도 서로 입장을 달리하며 여전히 대치 중이다. 학생인권조례는 학생의 학교생활에 대한 책임과 의무는 빠진 채 '권리'만 명문화되었다는 비판을 지속적으로 받고 있다. 학생이 누려야 할 자유와 권리, 권리 침해에 대한 구체적인 항목만 존재할 뿐, 학생이 지켜야 할 의미나 타인의 권리 존중에 대한 내용이 없다.

예시답안 휴대전화 사용에 대한 조례, 수업 중에 딴짓을 하거나 불법 촬영을 하거나 녹음을 해도 이를 저지할 수 없다. 영국, 프랑스, 영국 등의 일부 국가에서는 일정 연령 이하 학생의 휴대전화 사용을 제한하고 있다. 미국의 경우 2020년 기준으로 비학술적 용도의 휴대전화를 금지하는 학교가 전체 학교의 77%를 차지한다고 했다.

❷ 다음 상황을 읽고, 학원 운영에 대한 의시 결정 나무를 만들어 보자.

 생각해보기

C 씨가 할 수 있는 선택을 최대한 다양하게 적어보고, 의사 결정 나무를 완성해 보도록 한다. 가장 중요한 문제는 학원 운영을 계속할 것인지, 식물 전용 스마트 스토어와 병행할 것인지, 식물을 키울 공간을 마련하려고 학원을 다른 곳으로 이전할 것인지 등의 문제를 중심으로 만들어 보자.

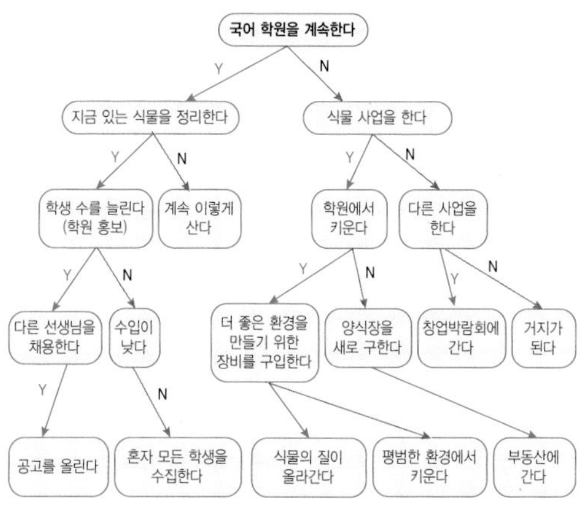

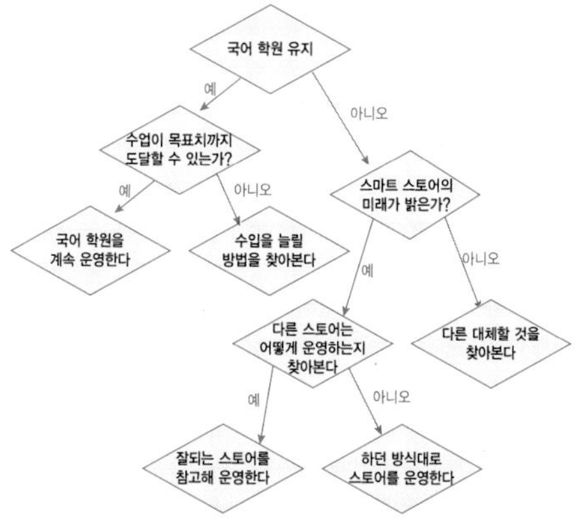

PART 5

방해 요인 극복하기

활동 ❶

❶ 다음 예화를 읽고, 이야기 속의 주인공이 부정적인 피드백에 대해 어떻게 대처했는지 생각해 보고 문제 해결 단계에 맞게 정리해 보자.

생각해보기

이 글에서 교사는 '굴뚝 청소를 두 아이가 했는데, 한 아이만 깨끗할 수는 없다'는 결론을 내리고 있다. 이는 '어느 아이가 세수할 것이냐'하는 물음과는 다른 방향의 결론이다. 즉, '굴뚝 청소 후에 세수하는 상황'에서 누가 세수를 하느냐에 앞서 그런 상황 자체에 대하여 타당성을 비판적으로 사고하라는 것이다.

이는 주어진 상황에서 수동적으로 선택하기에 앞서 그런 상황 자체를 객관적으로 볼 것을 요구하고 있다. 또, 교사가 얼굴이 더러운 아이가 씻을 것이라는 당연한 대답은 물론, 자기 얼굴을 못 보고 상대방의 얼굴만을 보기 때문에 얼굴이 깨끗한 아이가 씻을 것이라는 자신의 대답조차 궁극적으로 부인한 것은 상식적이고 관성적인 사고를 경계하라는 점을 말하는 것이다. 대신에 그는 주어진 상황에 대하여 당연히 그럴 것이라고 여기는 관습적인 사고가 아니라 그 이면에 있는 또 다른 배경, 과정, 결과를 찾아보는 창의적인 사고를 내세운다. 이와 같은 교사의 생각은 수동적이고 관성적인 사고방식에 대한 근본적인 각성을 촉구하는 것이라고 할 수 있다.

예시답안 이 글에서 교사는 '굴뚝 청소를 두 아이가 했는데, 한 아이만 깨끗할 수는 없다'는 결론을 내리고 있다. 이는 '어느 아이가 세수할 것이냐?' 하는 물음과는 다른 방향의 결론이다. 즉, '굴뚝 청소 후에 세수하는 상황'에서 누가 세수하느냐에 앞서 그런 상황 자체에 대하여 타당성을 판단해야 한다. 즉 질문 안에 모순이 있는 것으로, 문제 해결의 방해 요인 중 '잘못된 상황 판단'에 해당하는 사례라고 할 수 있다.

❷ 다음은 국립국어원에서 발표한 '다듬은 말' 목록의 일부이다. '대상어'와 '다듬은 말'을 비교해 보고 그 적절성을 판단해 보자.

생각해보기

대상어 중에서 몇 개를 선정하여 해당 단어에 대한 언중의 반응을 조사해 보고, 그에 맞는 해결책을 제시하는 활동이다. 몇 개의 대상어를 선정하고, 문제해결의 5단계에 맞게 서술해 보자.

대상어	다듬은 말	의 미
백 브리핑 (back briefing)	덧보고	공식적인 보고가 끝난 이후 비공식적으로 이어지는 보고

단 계	활동 내용
상황 분석 단계	'백 브리핑'이라는 단어를 '덧보고'로 수정했는데, 언중들이 '다듬은 말'에 대해 익숙한지 조사해 본다. 조사한 결과 '덧보고'를 오히려 더 낯설어하고, 익숙해 하지 않는다.
문제 정의 단계	'백 브리핑'을 '덧보고'로 수정하였지만, 언중의 반응은 부정적이며, 다듬은 말에 대한 만족도가 많이 떨어진다.
목표 설정 단계	'덧보고'를 대신할 수 있는 단어찾기
해결안 선정 단계	추가 보고, 비공식 보고, 사이드 보고 등 대체할 단어를 만들어 보고, 주변 사람들에게 이에 대한 설문 조사를 실시하여 반응을 수집한다. 가장 반응이 좋거나 호응도가 높은 단어를 선정한다.
실행 및 피드백 단계	(예를 들어) '비공식 보고'가 가장 적절하다는 반응이 나왔고, 개방형 오픈사전인 우리말샘에 접속하여 '백 브리핑'에 대한 다듬은 말로 '비공식 보고'를 제안한다.

활동 ❷

❶ 다음 예화를 읽고, 이야기 속의 주인공이 부정적인 피드백에 대해 어떻게 대처했는지 생각해 보고, 문제 해결 단계에 맞게 정리해 보자.

생각해보기

문제 해결 단계는 정해진 답이 있는 것이 아니라 분석하는 사람의 관점에 따라 다르게 기술할 수 있다. B 씨는 개발한 프로그램에 대해 부정적인 피드백을 받았으나, 자신이 직접 발로 뛰면서 해외 사례를 수집하거나 시장 조사를 했다. 이후에 원격 근무 프로그램에 7년간 더 투자하여 큰 수익을 얻게 되었다.

단 계	활동 내용
상황 분석 단계	대학을 중퇴하고 소프트웨어 산업에 관심이 있어서 2000년 중반부터 원격 근무 기반 소프트웨어 프로그램을 개발했다.
문제 정의 단계	원격 근무는 보편화되지 않은 상황으로 시장이 매우 좁다. 프로그램의 수요가 너무 적어서 자금 조달이나 외부 투자 유치가 어려웠다. 사업의 방향을 바꿀 것인지, 프로그램 개발에 더욱 매진할 것인지를 고민하게 되었다.
목표 설정 단계	원격 근무에 필요한 프로그램 개발을 계속하기로 결정했다. 자신이 직접 시장 조사를 하거나 해외 사례를 수집하면서 사업 진행에 대한 근거를 마련했다. 2010년 중반에 독일로 출장을 다녀오면서 근무 형태가 매우 다양하다는 것을 간접적으로 경험하게 되었다.
해결안 선정 단계	7년 동안 원격 근무, 하이브리드 근무에 맞는 프로그램 개발에 매진하게 되었다.
실행 및 피드백 단계	코로나바이러스 확산 이후, 재택근무와 원격 근무가 더 활성화되면서 B 씨의 사업이 큰 수익을 얻게 되었다. 향후 관련된 프로그램을 더 연구할 것이다.

❷ 글을 쓰는 것도 일종의 문제 해결 과정이다. '하루 1만 보 걷기'에 대해 브레인스토밍 한 것을 아래와 같이 정리했다. 본격적인 글을 쓰고자 할 때 질문을 제기할 수 있는 부분을 찾아보자.

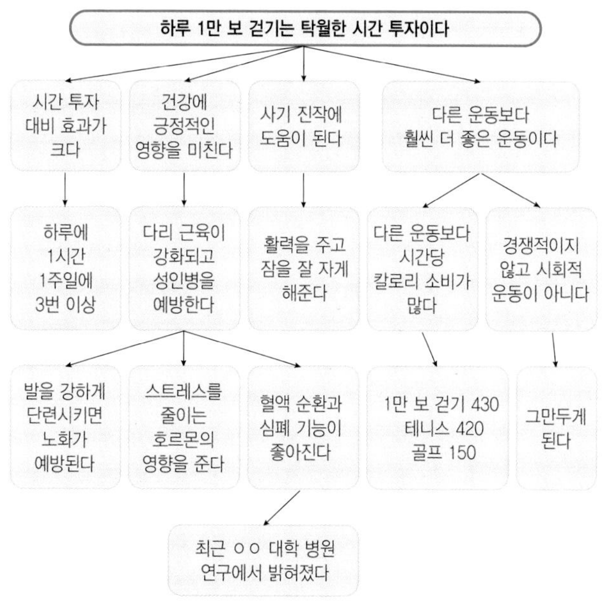

생각해보기

이 도표는 '하루 1만 보 걷기는 탁월한 시간 투자이다.'라는 주장과 뒷받침할 수 있는 근거를 브레인스토밍한 결과이다. 상황 분석 단계에서 보면 '하루 1만 보 걷기'에 대한 과학적 사실을 근거로 제기할 수 있느냐를 먼저 따져보아야 할 것이다. '탁월한 시간 투자'에서 '탁월한'은 매우 주관적인 의미이다. 문제 정의를 하려면 추상적인 개념부터 구체화하거나 세분화하는 작업이 필요하다. '탁월한'의 의미를 '시간 투자에 비해 효과적이다', '건강에 긍정적인 영향을 미친다', '사기 진작에 도움이 된다', '다른 운동보다 훨씬 더 좋은 운동이다' 등으로 나누고 있다. 그러나 이러한 분류조차도 여전히 추상적이고 주관적인 의미로 되어 있어서 과학적 사실이나 실험 등의 논거가 뒷받침되어야 한다. 논거를 객관화할 수 있는 다양한 사례도 같이 제기해야 한다. 현재 글에서는 '혈액 순환과 심폐 기능이 좋아진다'의 근거만 제시되어 있다. 그 근거의 내용도 구체적으로 기술되어 있지 않다.

❸ 집단 사고의 긍정적, 부정적 사례를 제시해 보자.

이집단 사고의 다양한 사례를 조사해 보고 그 결과를 서로 다른 관점으로 평가해 볼 수 있다.

❶ 인도의 소금 행진[소금 사트야그라하(Salt Satyagraha)]

영국 식민지하의 인도에서 소금세 폐지를 주장하며 일어난 비폭력적 시민 불복종 행진이다. 영국이 1882년에 제정한 법으로 인도의 소금 생산을 독점하고 거기에 세금을 매기는 것이다. 영국은 1차 대전 전비 지출과 29년 대공황 여파로 재정이 어려워졌고, 인도의 소금 세율을 인상했다. 마하트마 간디가 1930년 3월 12일 추종자 78명과 행진을 시작하여 4월 6일까지 24일간 이어졌다. 간디는 사바르마티 사스람Sabarmati Ashram에서 구자라트Gujarat의 단디까지 주로 해안을 따라 약 390㎞를 행진했고, 마을을 지날 때마다 소량의 소금을 생산해 주민들과 나눠 먹었다. 행진이 끝날 무렵 대열은 6만여 명으로 불어났고, 진압하고 연행하던 총독 정부는 대응할 엄두를 내지 못했다. 간디는 결국 체포되었지만 영국에 대한 인도의 착취가 신문과 뉴스를 통해 계속 퍼져나갔고, 결과적으로 전 세계가 인도의 독립 운동에 관심을 갖게 되었다.

❷ 금 모으기 운동(한국)

1997년 IMF 외환 위기가 발생하여 대한민국의 부채를 갚으려고 국민들이 자발적으로 자신이 소유한 금을 나라에 내어놓은 운동이다. 1997년 말 새마을 부녀회장의 '애국 금가락지 운동'으로 출발하여 KBS의 '금 모으기 캠페인' 방송으로 발전했으며 1998년 1월 5일에 공식적인 '금 모으기 운동'이 시작되었다. 이후 4월까지 당시 돈으로 2조 5천억에 해당하는 약 227톤의 금이 모금되었으며, 전국적으로 약 349만 명이 한마음 한뜻으로 금을 모으는 데 동참했다. 예정보다 3년이나 앞당겨진 2001년 8월 IMF로부터 지원받은 195억 달러의 차입금을 모두 상환했다. 지나친 집단주의로 비판을 받기도 하지만 집단 사고로 나라의 경제 위기를 극복하는 데 큰 도움이 되었기에 긍정적인 평가도 받는다. 국가 경제의 어려움을 극복하려는 국민들의 자발적인 희생을 보여주는 사례가 된다.

❸ PC 기업 '델'의 몰락

'델'은 한때 전 세계 PC 시장을 장악했으나 2006년 매출 성장률이 급락하면서 시장의 1위 자리를 다른 기업에 빼기고 만다. 당시 시장은 데스크톱에서 노트북으로 바뀌는 상황이었는데, 당시 경영진은 이러한 현실을 인지하지 못하고 소비자가 값비싼 노트북을 구매하지 않을 것이라고 판단했다. 결과적으로 델은 엄청난 타격을 입게 되었고, 당시 경쟁에서 1위를 뺏긴 책임으로 델의 CEO와 이사직을 맡고 있던 케빈 롤린스 등이 사임했다.

❹ 3.1 운동

세계의 민족은 자신의 운명을 스스로 결정해야 한다는 내용을 담고 있는 민족 자결주의가 발표되자 해외에서 활동하던 독립운동가들은 독립을 호소하기 좋은 기회라고 생각하며 국내로 들어 왔다. 유학생들이 일부 동경에 모여 2.8 독립 선언서를 발표했다. 이후 독립 운동가들은 종교계 지도자들을 중심으로 33인의 민족 대표를 뽑아 주요 도시에서 만세 시위 운동을 하기로 했다. 1919년 1월 18일에 고종 황제가 갑자기 승하하자 우리나라 사람들은 일본인에 의해 살해된 것으로 여겼다. 이러한 여론이 계속되면서 3.1 운동을 전개하기로 계획했으며, 3월 1일이 되자 민족 대표 33인과 독립운동가들은 태화관에서 독립선언서를 발표했고, 학생들과 시민들은 서울 종로의 탑골 공원에서 독립 선언식을 올린 후 만세 시위를 벌였다.

❺ 흑인의 목숨도 소중하다(Black lives matter)

아프리카계 미국인에 대한 경찰의 과잉 진압을 비판하는 것으로, 2012년 미국에서 흑인 소년을 죽인 백인 방범 요원이 이듬해 무죄 평결을 받고 풀려나면서 시작된 운동이다. 비폭력 혹은 폭력적 시민 불복종을 옹호하는 움직임으로, 특히 흑인에 대한 과도한 공권력 사용에 항의하는 시위 구호이기도 하다. 2012년 2월 미국 플로리다주 17세의 흑인 남성인 트레이본 마틴이 자율 방범대원 조지 짐머맨의 총격을 받아 사망했다. 그런데 2013년 짐머맨이 정당방위로 무죄 판결을 받자 온라인에서는 이에 대한 반발로 해시태그 #BlackLivesMatter가 넘쳐났고, BLM 운동이 시작되었다.

참고문헌

- 김기영(2008) 『창의력 문제해결의 힘』, 위즈덤하우스
- 김부철, 정홍상, 하혜수(2015) 「체크리스트 기법을 활용한 지방자치단체 자체평가에 대한 메타평가: 경상북도 시.군을 중심으로」, 『한국행정논집』 27(4), 1,243-1,263.
- 김영정(2002) 「창의성과 비판적 사고」, 『인지과학』 제13권 제4호, 81-90.
- 김영정(2005) 「고등사고능력의 7범주」, 『자연과 문명의 조화』, 제53(6), 106-111.
- 김영정(2005) 「예술적 창의성과 과학적 창의성」, 『대한토목학회지』 53(8), 126-132.
- 김영채(1999) 『창의적 문제해결:창의력의 이론, 개발과 수업』, 교육과학사
- 김이경, 이재정(2016) 「드 보노의 창의적 사고법을 활용한 창작무용 사례연구」, 『한국무용연구』, 34(2), 1-26.
- 서민규(2012), 「비판적 사고와 창의적 문제해결」, 『교양교육연구』 6(3), 221-247.
- 이은정, 장계영(2013) 「포스터 디자인 작업을 위한 아이디어 수렴 체크리스트 개발-QFD(Quality Function Deployment) 기법의 응용을 중심으로-」, 『디자인융복합연구』, 12(6), 271-282.
- 임진웅(2000) 『디자인 방법론 연구』, 미진사
- 정광민(2021) 『금융산업의 디지털 전환과 운영리스크 - 은행과 보험산업 중심으로』, 보험연구원 연구보고서 2021-07.
- 정영기(2019) 「공학철학 연구-공학적 지식을 중심으로」, 『문화와융합』 41(2)(통권 60집), 1171~1202.
- 조근영(2016) 『그레이엄 월러스의 창의적 사고과정을 활용한 디자인 지도방안』, 서울교육대학교 교육전문대학원 석사학위 청구논문
- 신기봉 역(2010) 『실패에 감사하라』, 해피맵북스(원제 Thanks from the failure)
- Ahmed Waqas, 2019 *The Polymath*, Wiley, 이주만 역, 2020, 『폴리매스』, 안드로메디안
- Edward De Bono, 2016, *Six Thinking Hats,* Penguin Group USA, 정대서 역 (2023) 『생각이 솔솔 여섯 색깔 모자』, 한언

- James R. Evans 1990, *Creative Thinking in the Decision and Management Sciences*, South-Western.
- J. P. Guilford, 1956, Structure of intellect, *Psychological Bulletin,* 53, 267-293.
- J. P. Guilford, 1959, Three Faces of Intellect, *American Psychologist* 14(8), 469-479.
- John Cleese, 2021, *Creativity: A Short and Cheerful Guide*, Crown; First Edition, 김평주 역(2021) 『존 클리지의 유쾌한 창조성 가이드』, 경당
- H. Eysenck, 1972, Personality and Sexual Behaviour, *Jornal of Psychosomatic Research*, Vol. 16., 141-152.
- H. Scott Fogler, S. LeBlance, B. Rizzo, 2008, *Strategies for Creative Problem Solving* , Pearson; 2nd, 김정현 역(2008) 『창의적 문제 해결과 전략』, 진샘미디어
- Linda Flower, 1993, *Problem-solving Strategies for Writing*, Harcourt Brace & Company, 원진숙, 황정현 역(2000) 『글쓰기의 문제해결전략』, 동문선
- Roman Krznaric, 2012, *The Wonderbox*, Profile Books, 강혜정 역(2013), 『원더박스』, 원더박스

해외 자료

- http://booklog.kyobobook.co.kr/kids/encyclopedia/information/educationCreative.do
- Robert Onstein, 1997. *The Right Mind: Making Sense of the Hemispheres*, Harcourt Brace & Company.
- Roger E. Beaty, Yeod N. Kenett, Alexander P. Christensen, Monica D. Rosenberg, Matias Nenedec, Qunlin Chen, Anreas Fink, Jiang Qiu, Thomas R. Kwapil, Micheal J. Kane and Paul J. Silvia. 2018. Robust prediction of individual creative ability from brain functional connectivity, *Biological science* 115 (5), 1087-1092.
- Sperry, R. W.(1980) Mind-brain interaction: Mentalism, yes; dualism, no. 『*Neuroscience*』 5 (2): 195-206. doi:10.1016/0306-4522(80)90098-6. PMID 7374938.

인터넷 자료

- [인터뷰] 산문집 '꾸들꾸들 물고기 씨, 어딜 가시나' 낸 성석제의 글쓰기 비밀
  https://www.news1.kr/articles/?2503630
- 'IQ가 최고조에 달하는 나이는?', 사이언스타임즈, 2019년 2월 18일 기사
  https://www.sciencetimes.co.kr/news/iq%EA%B0%80-%EC%B5%9C%EA%B3%A0%EC%A1%B0%EC%97%90-%EB%8B%AC%ED%95%98%EB%8A%94-%EB%82%98%EC%9D%B4%EB%8A%94/
- '대박난 발명품들 100가지 이야기', K 스타트업밸리 2019년 1월 6일 기사
  https://www.ksvalley.com/news/article.html?no=5336
  (원문 Sang Lee, 2017, *100 Famous Inventions: How to become a millionaire by invention?*, CreateSpace Independent Publishing Platform)
- 창업 사례
  https://www.hankyung.com/it/article/202110248762i
- 다듬은 말 목록(국립국어원 홈페이지)
  https://www.korean.go.kr/front/imprv/refineList.do?mn_id=158
- 서울특별시 학생인권 조례
  https://www.law.go.kr/%EC%9E%90%EC%B9%98%EB%B2%95%EA%B7%9C/%EC%84%9C%EC%9A%B8%ED%8A%B9%EB%B3%84%EC%8B%9C%ED%95%99%EC%83%9D%EC%9D%B8%EA%B6%8C%EC%A1%B0%EB%A1%80

안정성 평가 체크리스트 참고

- https://kras.kosha.or.kr/board/index/1#isReadOnlyMode=4715
  저심도, 고빈도 도표 참고
- Issac Ehrlich, Gary S. Becker, 1972, Market Insurance, Self-Insurance, and Self-Protection, *Journal of Political Economy*, Vol. 80, No. 4, pp. 623-648.

찾아보기

ㅇ

창의적 사고와
문제 해결

저자 소개

유 미 향

성균관대학교에서 국문학을 전공했고 국어 교과서 집필과 교재 개발을 하다가 교육에 관심을 갖게 된 후 고려대학교에서 국어교육 박사 학위를 취득했다.

2002년부터 학교 현장에서 학생들의 말하기와 글쓰기를 가르쳤고, 현재는 동양미래대학교에서 근무하고 있다.

창의적 사고와 문제 해결

초판 1쇄 인쇄 2023년 8월 25일
초판 1쇄 발행 2023년 8월 30일

저 자 유 미 향
펴낸이 임 순 재
등 록 제11-403호
주 소 서울시 마포구 모래내로 83(성산동 한올빌딩 3층)
전 화 (02) 376-4298(대표)
팩 스 (02) 302-8073
홈페이지 www.hanol.co.kr
e-메일 hanol@hanol.co.kr
ISBN 979-11-6647-390-6

창의적 사고와
문제 해결